JN145271

本物と呼ばれる人は、何を大切にしているのか?

いい男論

永松茂久

クロスメディア・パブリッシング

いい人生を送りたいと願うすべての人たちへ。
いい男に憧れよ。いい男に出会え。
それが願いを叶える一番の早道だ。

はじめに　なぜあの人は「いい男」と呼ばれるのか？

仕事もバリバリ。容姿端麗。性格も抜群。すべてにおいてそつのない女性がふとこう言った。

「いい男が増えてほしいな」

これは一般的にいう、女性にとって都合のいい「優しい男」のことではない。そもそも、そんな男ならいまどき巷に溢れている。

にもかかわらず、女性たちは、いつまでたっても安心できてはいない。

将来に対する不安も消えない。

「いつこのため息がなくなるのだろう？」と常に心のどこかで思っている。

これは女性たちが、本当の意味で優しい男が少なくなっていることに気づいているという、何よりの証拠なのだ。

だから自分を無理に追い込んで普通の女性以上にがんばりすぎてしまったり、男性以外の存在で、依存できる何かを探し続けたりする。

「自立してやりたいことをやろう」という女性の近年の風潮の裏には、こういった、いい男の少なさに対する不安という側面も隠されているのだ。


どんな人でも心の中に「いい男像」を宿している。

それは、ある人にとっては、自分の上司や先輩といった身近なロールモデルかもしれない。

また、ある人にとっては、芸能人やスポーツ選手、歴史上の偉人といった遠い存在かもしれない。

もしくは、「一本筋が通った男」といったように、自分のあり方や美徳を守る男に憧れる人もいるだろう。

いまのところ、人によって、いい男の定義は百人百様かもしれないが、本書を手に取っていただいたということは、少なからずあなた自身が、自分の中にある、モヤモヤとした「いい男像」をもう少し明快にしたい、もしくは確信を持ちたいと思っているはずだ。

あなたが男性ならば、あなた自身が「いい男」になるために。

あなたが女性ならば、「いい男とはどんな男なのか」を知ってもらうために。

そのお手伝いがしたくてこの本を書くと決めた。

最初にお断わりしておくが、この本では「こうやったら女性にモテる」とか「手っ取り早く外見を変えよう」といったテクニック系の話には、一切触れていない。それはあくまで断片的なものであって、すべての基礎は、その男の心のあり方にあるからだ。

だからといって、これを読んでもモテないというわけではない。

逆にこれを実践すれば、絶対にモテると言いきれる。

あり方の綺麗な男は、男女問わず周りが放っておかないからだ。

ということは広い視野で見ると、ある種この本はモテ本と言えるかもしれない。

ということで、このまま本題に入ってもいいのだが、その前に僕なりに考える「いい男像」についてここで簡単に触れておきたい。その方が読み進む上で腹落ち感が増すと思う。

悩んだ結果、本書の根幹となる「いい男の条件」は3つの単純明快なものになった。

いい男。それは「我慢ができる男」「人間の本質を知っている男」「他を思いやる優しさを持っている男」のことだ。

自分を土台にしても、人の幸せを優先することができる男。

相手の立場を考えることができる男。

自分のあり方や立ち居振る舞いを、自分でコントロールできる男。

夢を実現するために歯を食いしばって努力する男。

大切な人を守るという気概を持っている男。

土壇場から逃げない男。

こういったいい男たちの共通要素として、「我慢」「本質」「愛」という3つの言葉は外せない。

いい男。それは子どものときに憧れた英雄と言い換えることもできるかもしれない。仮面ライダー、ウルトラマン、ゴレンジャー、スーパーマン。もしくは映画の主人公など、男だったら誰しも一度は憧れた理想像。

たとえば女性が、いや、女性だけでなく後輩など、弱い立場にいる人が悩んでいるときに、そこにそびえる壁をぶっ壊して、

「ほら、これで前に進めるよ。また困ったら言っておいで」

と言って黙って去っていく男の背中にしびれない人はいない。

誰が教えたわけでもないのに、幼い頃から男の子はみな、一度はそんな英雄に憧れる。

そして女の子は、いや、年代問わず、世のほとんどの女性もまた、自分を守り、自分を「姫」にしてくれる存在を待っている。これも誰が教えたわけでもないのに、そんな存在に憧れる。

そう考えると、この「いい男」に対する憧れは、僕たち人間が生まれながらに持っ

ている本能とも呼べるものなのかもしれない。

「いい男」とは、つまりはこうした理想像を現実社会で体現している男たちや、道半ばであったとしてもそういった理想を追いかけている男たちのことである。

いい男は少なからずこの現実社会に存在する。

そして男は誰でもいい男になることができる。

その姿をあきらめない男とあきらめた男、その二種類がいるだけだ。

本論を読んでいただく前に、まずあなたに、3つのことをご理解いただきたい。

本書では、いい男の3つの要素をさらに深く掘り下げ、実践しやすいように、できるだけわかりやすく伝えることに集中する。そのため、ときには表現がストレートになりすぎることもあるかもしれないが、そこはご了承いただきたい。

ふたつめ。本書では、僕が実際に出会ったいい男たちのストーリーを例題に挙げることにする。

遥か彼方の英雄ばかりを挙げても、現実感が乏しくなってしまう恐れがある。しかし、いい男とはもっとあなたの近くにいるということ、そしてそういう男たちも、あなたと同じ時代を生き、あなたと同じように、泣き笑いし、その中から何かを掴んで立ち上がってきた存在である、ということをリアルに感じていただくことこそが、あなたにとっての輝かしい未来につながると信じているからだ。

そして最後にもうひとつ、この本の49の見出しは、僕が人生の先輩方からいただき、心に響いた部分をメモした言葉をノートから抜き出し、そのまま書き出したものだ。だから見出しというより、メッセージに近い。もし響く言葉があれば、そのままあなたの言葉として、迷っている後輩たちへ送ってほしい。

いい男になることをあきらめかけた、現代の男性たちへ。
いい男との出会いをあきらめかけた、現代の女性たちへ。

さあ、いい男とはなんなのかをともに考えていこう。

CONTENTS

いい男論

第2章

いい男の優しさ論

第3章 いい男の色気論

いい男論 CONTENTS

第4章

いい男のあり方論

第5章 いい男の夢論

第6章 いい男の本質論

いい男論
CONTENTS

第7章 いい男の覚悟論

いい男論
CONTENTS

HERO's THEORY

第1章

いい男の器論

放てば手に満てり。
自分の小さなプライドを手放せば、
大きなものが手にはいる。
そして男は器を広げていく。

道元（曹洞宗開祖）

HERO'S THEORY 01

同性に好かれる男は本物だよ。

そもそも「いい男」とはどんな存在なのか? まず一番はじめに、この問いについて深く考えていきたい。

本書で定義する「いい男」というのは、「女性から見たいい男」というより、同性、つまり「男性から評価を受けるいい男」にフォーカスを当てて、ここからの論を述べていくことにする。それには理由がある。

女性が言ういい男というのは、意外にばらつきがあることが多い。自分にさえ優しければいい男になってしまうこともあるからだ。

しかし、同性である男性たちから、「あいつは本当にいい男だよな」と言われる男は、男性としてだけでなく、本質的な人間としての魅力を持っていないと、その資格は持てない。

いるだけで、なぜか周りを安心させる男。

大勢でいても、なぜか目がいく不思議な華を持っている男。

黙っていても周りを納得させることのできる重みを持っている男。

人の興味を惹きつけたり、何かと話題に上がる存在感がある男。

これは、男性でも女性でも共通して言えることだが、同性に認められるというのは本当に難しい。異性であれば、見かけや表現のうまさでなんとかなることもある。

しかし、同性にはそういった見せかけは通用しない。

たとえ最初はそれでうまくいったとしても、時間が経てば、結局はお互いの人間性同士の付き合いになっていく。つまりは小手先ではない性格の良さや、本物の人間力がないと、同性には認めてはもらえないということになる。

昔から男はヒエラルキー、つまり格付けの世界で生きてきた。女性が横つながりを大切にする生き物なのに対して、男というのは縦の序列で生きている生き物なのだ。だから心のどこかで、常に「どっちが上なのか？」という勝ち負けにこだわる。

要するにその男の器やあり方、人間性、そして社会的実績。これらの総合力の評価で、男のポジションというものは決まってくるのだ。

男が同性である他の男に対して頭を下げるとき、ついていこうと決めるとき、もしくは未来を託そうとするとき、そして友となるときというのは、「かけねなしで相手の格を認めたとき」だけだ。

相手を小さく値踏みしてしまうと、本能的に、どうしても上からマウンティングしようとしてしまうという性質を、男はみな持っている。

そういった面では、道徳の授業の、「みんな平等」なんていうすばらしい言葉は、男の世界だけに限って言えば、現実味のない理想論で終わる。

男の格付けはひとつの本能に根ざしたものだ。だから男同士の世界では、おもちゃの取り合いをはじめる3歳くらいから、実質的に、この言葉は意味をなさないのだ。

もちろん小さい頃は腕力が全てになるから、本当の男の価値というものはあまり見えにくい。しかし一旦社会に出ると、腕力ではなく、男としての器や格の勝負が始まる。ということは、そういった厳しい世界で、同性である男がついていく男、男が惚れる男というのは、まず間違いなく、社会的にも精神的にも、本当の実力を持ったいい男であるという証明になるのだ。

それは女性も本能的に感じているし、実際、「同性に好かれる男性って素敵」という女性からの言葉をあなたも何度も聞いたことがあると思う。

いま、多くの女性はいい男の出現を待っている。

いい男が増えて困る女性など、この世には一人たりともいない。同じように、「あなたがいてくれて本当に良かった」そう言われて不幸になる男もまた一人もいない。

ということで、まずは女性よりも男性が惚れるような本物の男にフォーカスを当てて論を述べていきたいと思う。

もちろん同性に惚れられていれば、すべてがいい男だとは限らないかもしれない。

しかし、いい男の中で、同性に好かれていない男は一人もいない。

HERO'S THEORY

02

言い訳ばっかりしてないで、もっと熱くなってみろよ。大切な何かを思い出すから。

幼稚園に通う6歳の男の子が、10段の跳び箱に挑戦している。それは男の子の頭をはるかに超える高さだ。

男の子は何度もチャレンジするが、飛べる気配がない。普通の大人の感覚なら「無理だろう」と思うはずだ。正直、僕も難しいかなと思った。

失敗を繰り返し、次第に男の子は悔し涙を流しはじめる。しかし先生は彼をスタートラインに戻るように優しく諭す。

実はこの男の子、お母さんの病気療養のために、卒園式を待たずして転校を余儀なくされた子で、その跳び箱の映像の舞台は彼のお別れ会のワンシーンなのだ。
そこにかけつけるクラスメートたち。その男の子を円陣で囲んでみんなで肩を組み、大きな声を合わせて元気にエールを送る。

「できる！ できる！ できる！」

円陣が解かれると男の子はスタートラインに戻った。一呼吸おいて、跳び箱に向かって走りはじめる。何回目の挑戦だろうか。周りからたくさんのエールをもらった彼は、「どこにそんな瞬発力とバネがあったの？」と聞きたくなるくらいの跳躍を見せ、化け物のような障害物を見事に飛び切った。会場には割れんばかりの歓声が起きる。

これは僕がYouTubeでたまたま見た動画だ。「感動　跳び箱」で検索すれば出てくるはずだ。この動画は、僕たち男がどこか忘れかけている大切なことを思い出させてくれる。

過去に死に物狂いでがんばった経験のある人や、お子さんのいる親御さんであれば、確実にうるっとこみ上げてくるものがあるはずなので、職場や電車などの公共機関の中での閲覧はご注意いただきたい。

最近、生き方論のなかで、勝敗やルールを避ける選択肢が増えている。

「やりたいことだけをやれ」「逃げてもいい」「人生はラクをしたもの勝ち」といった類のものだ。それに安易に飛びつく人も問題だが、発信者はもっと問題だ。

そのようなロジックは社会のルールを完全に無視している。

困難から逃げ、好きなことだけをする。

じゃあ、どうやって？ 誰かに保護してもらい続けるのか？

その分の足りない税金は誰が払うんだ？

残されたやりたくないことは誰がやるんだ？

これは言ってみればロールプレイングゲームで裏技を使って、いきなり所持金マックスからはじめるようなもの。そんなゲームの何が面白い。いい加減、そんな無責任な世界に逃げ込むのはやめたほうがいい。

あたりまえだが、がんばることは辛さを伴う。できることならやりたくないし、逃げたい。しかし、同時に人はがんばることでしか成長できないことを、いい男は知っている。そして、そうやってがんばっている姿が人を感動させることも。

それにその動画にあった「できる！」という励ましの言葉の力。「できる」と信じた人間の驚異的なポテンシャル。人間に与えられたこれだけ美しい試練を否定するとは、その人たちは、いったいどこに向かっていくつもりなのか。

この本はいい男を目指す男たち、いい男とはどんな存在なのかを知りたい女性たちのために書いているので、批判を恐れずに言う。一部の人たちの都合のいい言い訳に合わせて、日本の先人が一番大切にしてきた「がんばる」という言葉に宿った美徳を消し去ってはいけない。

これだけ平和で、食べるものに事欠かない豊かな日本で、これ以上癒しを求めたら、絶対に男はダメになる。きつさから逃げても永遠に結果は出ない。結局は、男に生まれた限り、がんばることしか選択肢はないのだ。

いい男はチャレンジから逃げない。たとえそのために何度悔し涙を流したとしても。

HERO'S THEORY

03

いい男は共通して、キラッと光る目を持っているもんだよ。にしても、あいつはいい目をしてんなあ。ありゃあ、必ずでかくなる。

「僕は将来、起業家になりたいです」

若い人からこう言われると、リアクションに困ることがある。起業とはあくまで手段なので、具体的に何がしたいのかわからないからだ。

しかし、その本気度は、その相手の目を見ればなんとなくわかる。本当にやりたいことが明確なら目がキラキラしているし、もし起業家としての「生き様」に憧れてそのような発言をしているのであったとしても、そんな男の目には、やはり光がある。

これに対して、ファッション感覚で「起業家を目指す」という若い男。こういう男の目にはたいがい活力がない。「流行に流されて生きています」的なオーラが漂う。

自己紹介も含めてお伝えさせていただくが、僕はいま、(株)人財育成JAPANという会社を経営させてもらっている。じんざいのざいは、「材」ではなく「財」。「日本の宝と呼ばれる人間を育成する」というコンセプトをそのまま会社名にした。

僕は10歳の頃、「たこ焼き屋になりたい！」という一心で飲食の世界で修行をはじめ、26歳で起業し、そこから16年、実業の世界で生きてきた。

ここ数年は各種飲食店経営の傍ら、「日本人が古くから大切にしてきたフォーユー精神(他を思うこころ)を世界に輸出したい」という思いから、出版、講演など、人財育成系のイベントなどを仕掛ける仕事をするようになった。

いちおう起業家と呼ばれるところからスタートしたわけだが、僕の場合は、「たこ焼き屋になる」という目標を実現する最短ルートが「起業」だっただけで、もし起業がゴールだったら、いまでも地方でたこ焼きの行商をしていたかもしれない。いま、こうやって本を書かせていただく機会は絶対になかったと思う。

仕事を通して、たくさんの若い人たちの応援をさせてもらった経験の中から思うことだが、いい男は何かを狙うハンターのような目を持っている。そして獲物が大きければ大きいほど、その目つきも輝きを増す。何かを狙っている男の目は、明らかに凡人とは違う輝き方をするのだ。

「価値観が多様化し、目標を持ちにくい世の中になった」

と、最近よく言われる。これは事実なのかもしれない。

実際、講演をさせていただくときのテーマでも「夢の叶え方」より「夢の見つけ方」というテーマのほうが、人が集まる。

平和と衣食住が保障され、さらに行きすぎた平等論にさらされ続ければ、多くの男が牙を抜かれてしまうのも仕方ないのかもしれない。

そういった人たちのために、

「目標を持たないでも成功する方法はないか？」

と考えた時期もあった。しかし、正直なところ、１００％納得できる答えは出せていない。最近は、そんな裏技はそもそも存在しないのではないかと思うようになった。

もしいまあなたに目標がなく、もどかしい思いをしているのであれば、一度自分にこう問うてみてはどうか。

「自分は過去、どんな男になりたいと思っていただろう?」

憧れの人でもいい。映画の主人公でもいい。思い出してみてほしい。

明確な目標はなくても、誰でも理想像くらいはそんなに苦労せずに見つかるはず。まずはそれを心の中の引き出しから出してみるのだ。

男の心の中にはスイッチがある。「こうなりたい」という目標設定をするとそのスイッチが押され、目が輝きを増す。

いい男の目は、常に目標にロックオンされている。だから輝く。

HERO'S THEORY

04

「類は友を呼ぶ」っていう言葉があるけど、どうやらありゃ本当だな。昔の人はよく言ったもんだよ。

明治維新の中心人物である大久保利通と西郷隆盛。その後の日露戦争で「陸の大山、海の東郷」と称された大山巌と東郷平八郎。近代史のヒーローであるこの4人は、いずれも鹿児島市の加治屋町出身だ。加治屋町は江戸時代、下級武士の暮らす地域だった。大山将軍と東郷将軍は、大久保利通と西郷隆盛の後輩筋にあたるので（大山巌は西郷隆盛のいとこ）、同郷枠として重用されたという事実はあるだろうが、それを差し置いても日本の近代化を後押しした英傑をこれだけ排出した背景には、土地柄も多分にあるのだろう。

このように、歴史を振り返ってもある特定の地域やグループから強烈な人材が巣立つことはよくある話だ。現代であれば「学校」が真っ先に思い浮かぶかもしれないが、社会人で言えば、なんらかの学びのコミュニティーや勉強会などが一番表現しやすい。

僕は10年以上前、仲間たちとある会を立ち上げた。会といってもメンバーは6人。たまたま仲良くなった全員同世代の飲食店経営者だった。

人財育成の仕事をはじめ、飲食店経営と違う道を選んだ僕を除けば、いまでは全員が飲食業界のビッグネームになってしまったが、この会を開いていた時点では、それぞれがまだ、経営者として駆け出しのころだった。

北海道、東京、名古屋、そして九州。活動拠点こそはバラバラだったが、僕たちは出会ってすぐに意気投合した。

やはり男として似た思いを持っているもの同士は自然と引き合うものだし、そういった高い志を持った人間が集まると、お互いを刺激しあっていい相乗効果が生まれる。そうやって自然発生的にできた集まりには、当然、深い絆ができる。僕たちは年に数回、定期的に集まり、よく飲み、「日本を元気にしよう」とお互いの夢を語り合った。

やがて月日が経つにつれ、それぞれみんな仕事が忙しくなり、自然解散のような形になったが、気づけば全員がそれぞれの地域で会を立ち上げ、リーダーになっていた。

いま振り返っても、僕はこのときの出会いは奇跡ではないと思う。そもそもは、「こんなやついるから会ってみない?」という紹介でそれぞれが集まったことがきっかけだった。

高い志と向上心を持って真面目に取り組んでいれば、この会の仲間たちのように、周りの人が気を利かせてつないでくれるケースもよくある。

そういう意味では「こいつにいい人を紹介しよう」と周囲に思わせる魅力も、いい男になるためには重要なのかもしれない。

もちろん、人を紹介して「なんだよ、あいつ」といった事態になると厄介なので、紹介されるに足る、しっかりした実績も残しておかないといけないが。

男は高い志を持って、その旗を高々とあげた瞬間から、突如それに呼応した似た男たちとの出会いが必ずやってくる。その志が高ければ高いほど、同じような志の人間が集まってくる。そしてお互いをいい意味で刺激しあい、上昇気流を巻き起こし、勝手に上へ上へと押し上げられていく。

後々大きく飛び立つ鳥は、同じ場所から飛び立つことが多い。

というより、大きく飛び立てる要素を持っているから、自然と集まると言ったほうが正しいのかもしれないが。

いずれにせよ、いつの時代もいい男はいい環境がつくると相場が決まっている。

HERO'S THEORY

05

あそこで裸踊りやってる人、見てみろよ。ああやってバカになれる男ってかっこいいよな。

真面目一辺倒。スパルタ一辺倒。ハードボイルド一辺倒……。

これで「いい男」というのはあまり聞かない。

普段は信念に生き、誰よりも真剣に仕事に取り組む。しかしそれ以外のときはお茶目な一面があったり、ものすごく天然ボケだったりと人間臭いところを見せる。

このような人間としての奥行きのある男は、理屈抜きで同性からも異性からも好かれる。

逆にスタイリッシュではあるが、そのスタイルゆえにバカになれない男も少なからずいる。バカができないというのは、裏を返せば自信のなさの表れだ。完璧な男を演じきらないと自分の評価が下がると思っているのだ。

しかし、そんな男は周囲も見透かす。一本、太い幹を持って、しっかり根が張っていれば、いくらでも枝葉は揺れてもいいというのに。

これに対して本当にいい男は、必要に応じていくらでもバカになれる。

たとえば、あまり打ち解けていないメンバーでカラオケに行ったとしよう。そこで誰かがいきなり自分の十八番のバラードをあまりにも上手に熱唱しきったらどうなるか。きっと空気が冷え切るはず。歌が得意ではない人は恥ずかしくてその後に歌えなくなってしまう。

いい男はそこで率先して場が盛り上がる曲を歌える。

メンバーの世代がバラバラなら、できるだけみんなが知っていそうな曲を選ぶ。しかも、ハイクラスな人間力を持った男などになると、いくら歌が上手くてもあえて音程をはずすなどの小技も使える。

別に遊びの場だけではない。

ピリピリした雰囲気の会議で、空気を察して小ボケを入れられる男。

落ち込んでいる後輩に、自分のとっておきの失敗談を笑いながら語ることができる男。

猛烈に仕事をして結果を出したにもかかわらず、「運が良かったんです。そして周りの方のおかげさまです。ま、仕事の話はいいとして今日は楽しく飲みましょうよ」と笑いで流せる男。

こんな男たちもかっこいい。

そういう男は人の気持ちを察する力があり、自分を下げてもいいという自己土台化の精神があり、相手やその場の空気を守る、という気概を持っている。

言ってみれば愛だ。

自分はバカに徹してでも、目の前の相手を笑顔にするという他を思う気持ちがないと、裸踊りはできない。

もしあなたが普段から完璧な男を演じようとしてきたのなら、思い切ってバカ騒ぎに飛び込んでみるのもいい。たまにはキャラクターを変えて、自分の心の壁をぶっ

壊してみないか？「自分の売りはそこじゃない」と思える領域のことにあえて踏み込んでみるのだ。

ん？ 無理？ 真面目で通ってるからだって？

もしあなたが真面目が取り柄で通っているなら、なおさらチャンスだ。真面目な人間が時折見せるバカほど、盛り上がるものはない。

そうやって自分の壁を少し壊すと、急に風通しがよくなる。

自分にかける不必要な負担も軽減されるし、周囲の雰囲気も変わる。

何よりあなたの男としての評価が上がる。

たまにはバカになろう。

さっさと胸襟を広げてみよう。

ギャップがあればあるほど、それはあなたの魅力の演出になるはずだ。

いい男は必要に応じていつでもバカになれる器量を持っている。

HERO'S THEORY

06

友の成功を心から喜べるか？

勝負に勝ったときに天狗にならずに「みなさんのおかげです！」と感謝の言葉を述べるのは、心がけ次第でなんとかなりやすい。勝てば心の余裕を持ちやすいからだ。

しかし男として、本当の真価が問われるのは負けたときだ。

そこで無用な言い訳をして評価を下げたあげく、自分への誇りまで失ってしまう男は意外に少なくない。

「本当にいい勉強になりました。悔しいですけどこれをバネにして、次またがんばります。応援してくださったみなさん、本当にありがとうございました」

これはやせ我慢の上に成り立つ言葉かもしれない。

心の中では悔しさが溢れているかもしれない。

しかし負けたとき、こんな風に言える男でありたい。

僕のことを兄貴と慕ってくれる男で、いま、美容業界で日本一予約の取れない美容師と言われる、「モテ髪師大悟」という美容師がいる。

彼は全国区の知名度を手にする前、同世代のウォーキングトレーナーとメイクの専門家とコラボをして、ビューティーセミナーを仕掛けていた。

結果的には出版やテレビを通して、3人とも世に出ることになったのだが、先駆けて、いつも大悟と一緒にいた仲間の一人が、テレビの企画をきっかけに真っ先にブレイクすることになった。

同じペースで歩いていた仲間が、ある日いきなりブレイクする。隣にいる男の心情としても焦りが出るのも無理はない。

周囲の人たちは、励ましなのか茶化しなのかわからない口調で「先にいかれちゃったねダイちゃん」と厳しい言葉を突きつけてきた。その突っ込みに対して笑いで返してはいたが、大悟からすれば相当焦ったはずだし、辛かったはずだ。

「大悟にとっていまこそが男の勝負どころだ」と思い、おせっかいではあったが僕は大悟を呼び出した。

案の定、大悟は自信を失いかけ、悔し涙を流していた。男としてその気持ちはよくわかる。そんな彼に、僕はひとつだけアドバイスをした。

「大悟、悔しいよな。でもな、こんなときにおまえが男を上げる方法がある」

「どうすればいいんですか？」

「最前線で旗を振って、全力で彼を応援してやることだよ。それができたらおまえは男として、必ずもっと大きくなれる」

「……」

それ以後、大悟は自分の悔しさを捨て、ピエロに徹してその仲間のテレビ出演パーティーを自ら企画プロデュースし、ブログでもバンバン応援を続けた。僕の想像をはるかに超えるレベルで。

そこでの大悟のあり方は男としてかっこよかった。

悔し涙を飲み込んで、同志ではあるが最大のライバルでもある自分の仲間を全力で応援するということは、なかなかできることではない。もともといい男だと思ってはいたが、その大悟の姿を見てあらためてすごい男だと思った。

もちろん、そのときの悔し涙がなくても、または僕のアドバイスがなくても、彼の才能があればいつかはブレイクしただろう。

しかし、僕はあのとき彼が腐らずにピエロに徹したことで何か変わったと信じたいし、少なくとも僕は、友のために土台に徹するその姿を見て、「何があっても大悟を今後も応援しよう」と思った。僕が思ったということは、周囲も思ったはずだ。

男には、ここで腐ったら自分の誇りまで失ってしまうような、どうしても耐え忍ばないといけない試練のときがくる。しかし、そこでどれだけ歯を食いしばれるかがその後のあり方を決める。

負けることはかっこ悪くない。その悔しさから逃げることがかっこ悪いのだ。

いい男は大切な仲間のために男を張ることができる。

HERO'S THEORY

07

お祝いも大事かもしれないけど、それより葬式を大切にしろよ。

『道に迷う若者へ』（立志出版社）という、自分の師匠の書いた本を広げるために、リヤカーで日本を1周しながら売り歩いて回った、田中克成という男がいる。

克成とはそのリヤカーの行商で、彼が九州をまわっているときに、人のご縁を通して知り合ってからというもの、現在でもとても仲良くさせてもらっている。

２０１６年５月22日。僕は埼玉の草加というところで講演をした。その日は、懇親会も含めて夜までそのイベントで仕事が入っていた。その日をまたいだ5月23日の午前1時23分、かねてよりすい臓がんと闘っていた僕の母が死んだ。その時間はすでに飛行機が飛んでいなかったため、僕は次の日の朝まで草加で、始発の飛行機を待つしかなかった。そのとき、何も言わず、黙って朝まで一緒にいてくれたのが、たまたまその講演に来てくれていた克成だった。

母の死から約一週間後、5月29日は克成の日本一周のゴールイベントだった。そのイベントの準備で大変なさなかだったにもかかわらず、彼は5月25日、母の葬儀にわざわざ東京から飛んできてくれた。

彼のイベントを数日後に控えてはいたが、母が死んで間もないこともあり、僕は正直、約束していた彼のイベントに出席をする気にはならなかった。

5月29日、朝。ギリギリまで考えたが、結局、僕は克成にイベントの欠席を伝えた。そのことを「お母さんが亡くなってすぐだからあたりまえですよ。しげにい、落ち着いたら酒でもおごってくださいね」と、彼は快く受け入れてくれた。

朝早かったこともあり、そこから僕はもう一回ウトウトした。すると不思議なことが起きた。死んでから一回も出てこなかった母が夢に現れたのだ。あれを夢枕というのだろうか。その夢の中で、母は僕にこう聞いてきた。

「克成くんは私が死んだあの日、ずっといてくれたよね。無理してお葬式にも来てくれたよね。そこまでしてくれた克成くんのイベントにあんたは行かないの？　男としてそれでいいの？」

飛び起きて、僕は飛行機に乗った。着いたときにはイベントは中盤にさしかかっていたが、克成はとても喜んでくれ、僕の挨拶の出番までつくってくれた。

いまになって振り返っても、あのときの夢が夢枕なのかどうかはわからない。「きついときにこそ駆けつけることのできる人間でありなさい」といつも言っていた母の言葉が潜在意識に残っていただけなのかもしれない。いずれにせよその一言のおかげで、克成に少しだけ恩が返せたことだけは事実だ。行けてよかったと思う。

理想を言えば、楽しいときも、つらいときも、その人の人生の岐路に駆けつけるということは、とても大事なことだ。しかし、あえて順番をつけるなら、絶対に人が辛いときにこそ行動を起こすべきだ。楽しいときだけは主役のように参加して、いったんその人が窮地に立たされると、風のようにいなくなる。そんな男は人望を失くす。そんな程度で済めばいいが、そういうレッテルを貼られるというのは、「男として」を飛び越えて、人として信頼を失う。これは致命傷だ。

大事な友人が助けを求めているとき。

病気になったとき。

その人の周りから人がはなれていったとき。

そんなときこそ駆けつけずに、いつ駆けつけるのか。

慶弔ごと、これは「義理ごと」とも言われる。義理を果たす。今の時代こういうことを言うと、時代遅れと言われるかもしれない。

しかし、どれだけ時代が変わっても、人と人との義理人情が根本的になくなることなど絶対にない。また逆の視点から見ると、そうやって義理を果たす男が減っているからこそ、そうやって行動できる男には評価が集まる。

おいしいときだけは人を押しのけてでも参加して、都合が悪くなると逃げていく。

あなたには、こんな卑しい人間にだけは、絶対にならないでほしい。

「大切な人が岐路に立たされたときは、何をおいても絶対に駆けつける」

あなたの辞書の中にそう書き込んでおいてほしい。

HERO's THEORY

第2章

いい男の優しさ論

自分を元気づける方法は、
誰か他の人を元気づけることだ。
マーク・トゥエイン（作家）
『トムソーヤの冒険』

HERO'S THEORY

08

世界最強？　そりゃ決まってんだろ。日本のサラリーマンたちだよ。

よく日本のサラリーマンを指して「夢がないだの」「志が低い」だの批判する声があるが、とんでもない話だと思う。サラリーマンの聖地である新橋でテレビのインタビューに答えて笑いを取っている酔っぱらいのおじさんだって、たいがいは昼間、しっかりと働いている。

断言する。日本のサラリーマンは世界最強の志士たちだ。

東京の通勤風景をひとつ見ても、世界一複雑な電車網の上を、世界一過密なダイヤを組んで、世界一多い乗降者数を寸分たがわぬ精度で目的地に送り届ける。企業人の遅刻率の低さも、未だに世界一だ。

これは日本人の感覚では普通だが、世界の国から見れば、同じ人間の所業とは思えないくらいの神業である。

規律を重んじ、完璧を追い求める、きめ細やかな対応力。

世界最高峰の性能の商品を絶えず作り出す労働力。

仕事に対する志の高い日本人にしか、こんな芸当はできない。これを凄いと言わずしてなんと表現するのか。僕はそんな日本のサラリーマンを、心底尊敬している。


ネットで、若くして起業して大金を手にしてしまったような男たちのインタビュー記事なんかを見ていると、汗水垂らして働くサラリーマンを、平気で見下す発言をときどき目にすることがある。

「一回きりの人生、会社の奴隷で終わるなんてありえない」

「小さい家のローンを35年もかけて返すだけの人生なんてイヤだ」

ふざけんなよ、ばかやろうと言いたい。

自分の責任で事業を立ち上げ、自由に冒険をする人生もある。そうしたい人はすればいい。だからといってサラリーマンを対比に持ってくる必要などこれっぽっちもない。

日本経済の根底を支えているのは、あくまでもサラリーマンたちが生み出す、世界トップレベルの労働力だ。そこを否定しながら自分の自由ばかりを追いかけている若造経営者などではない。

日本のサラリーマンたちはみな、一人では決して成し遂げられない大きな目標を達成するために、ときに自分の意思や欲望を滅し、全身全霊をかけて組織の歯車となれる。

これを志士と言わずして誰が志士なのだ。

彼らがいなかったら、戦後の焼け野原からわずか20数年足らずで世界2位の経済大国になることもなかっただろうし、トヨタもソニーも松下も生まれていない。

サラリーマンたちの苦労の結晶や恩恵を享受する身でありながら、彼らをバカにするとは、あまりに視野が狭すぎる。

もう一度言う。

日本のサラリーマンは世界最強だ。

大切な人のため、人知れず土台に徹して働くことができる、そんな心優しきいい男たちに、もっと自信と誇りを持って欲しいと心から願う。

HERO'S THEORY

09

一生懸命ついてきてくれた人間に、無駄に頭を下げさせるようなことはするなよ。男なら。

色々言わなくても、自発的に人がついてくる男がいる。

「この人のためなら」と人を勝手に熱くさせる男がいる。

こんなリーダーが率いた組織は本当に強い。そして美しい。

その姿を目の当たりにさせてくれたのは、とある社長との出会いだった。

この会社は、社長の天才的な商才もあって、小規模ながらもときに大手と張り合えるくらいの成長を見せていた。

その社長の元には10名ほどの古参スタッフがいて、社長の目となり、手となって我武者羅に働いていた。

とはいえど、その部下たちは、最初は決して突出した才能の持ち主ではなく、どちらかというと「どこにでもいる社員」たちだったという。

ある日僕は、生意気で不躾な質問であることは承知で、こう尋ねてみた。

「社長、よその会社から優秀な人材をスカウトしたりしないんですか？」

「ん？　そんなことは考えてないよ。なんで？」

「いえ、会社の勢いがあるうちに経営のプロを何人かヘッドハンティングしてきて、脇を固めたほうがいいんじゃないですか？　会社を大きくするためにはそういった決断もときに必要かと思うんですが……」

一息置いて、社長はこう言った。

「うん。たしかにそれもひとつの方法だね。ただね、永松くん。その優秀と言われる人を引っ張ってくるということは、それなりの立場を準備することになるよね」

「はあ、確かにそうですね」

「でもね、それでは何十年も俺についてきてくれた彼らに、新参者に頭を下げさせるということになる。そんなことは絶対にさせたくないんだよ。そんなことをするくらいなら、僕はいまいるメンバーで大手とどうやって戦えるかを考える。このメンバーで行けるところまで行けば、僕は幸せなんだよ」

迷いのひとつもないこの鮮やかな返答に、生意気な質問をした自分が恥ずかしくなった。それと同時に、「こんなリーダーだから人がついてくるんだ」と感動した。

自分のスタッフをしっかりと守りながら、そのスタッフたちと会社を大きくする。何もない最初の頃から自分を信じてついてきてくれた人を一番大切にする。こんなことを大将から言われたら誰でもついていきたくなる。

この社長の下で働いている社員さんたちが羨ましく思えた。そして未熟ながら、僕もそんなリーダーになりたいと思った。

組織にはいろんなパターンがあるので、このスタイルには賛否両論はあるかもしれないが、男のあり方としては最高級のスタイルのひとつなのではないかと思う。

「自分を信じてくれた大切な人たちに報いる」

いい男は、このことを忘れない。

一番の立役者たちの誇りを一番に守る。

HERO'S THEORY

10

人を喜ばすってのは、もちろんすごいことだけど、その前にもっと大切なことがある。それは人の痛みを知ることだ。

いい男は自分より立場が下の人を大切にできる。

協力会社の担当者に横柄に接することなどは決してないし、どこかのお店に食事にいっても決して店員さんに偉ぶる態度は取らない。

また、自分を慕ってくれる後輩や部下に何かトラブルが起きれば、真っ先に腕をまくって駆けつけることができるし、悩んだり悲しんだりしている人がいれば、相手の気持ちを察して、その場で最適な言葉を自然と投げかけることができる。

こう言葉にすると「そうだよね」で終わってしまうが、これを「たまに」ではなく、

「いつも」実践できる男は本当に少ない。なぜならこの習慣を身につけるために必要なのは、「頭」ではなく、「心」だからだ。

僕にこのあり方を徹底的に仕込んでくれたのは、僕の人生の師匠である斎藤一人さんだった。一人師匠は、

「立場の弱い人こそ大切にしろよ」

といつも僕に言ってくれた。

もちろんその言葉自体も響いたが、何よりも大きな影響を与えてくれたのは一人師匠ご本人のあり方だった。

どこにでもいるごく普通の若造に過ぎなかった僕の夢を、真剣に、そして温かく聞いてくれたことや、気分が落ち込んでいたときに「おまえなら絶対にできる」と励ましてくれたその行為そのものに心が動かされ、いつのまにか、自分もこんな人になりたいと師匠のあり方を真似するようになった。

人を大切にする行為に不可欠なのは、相手の気持ちを察すること。

具体的に言えば、人の痛みがわかるかどうかだ。そこを知らずに、相手の立場に

なって考えることなどできるわけがない。

たとえば生まれたときから裕福な家庭に育ち、何不自由なく育てられた人に、寒空の下で宝くじの行列に並ぶ人の気持ちは理解しにくい。

絵に描いたようなエリートで挫折を経験したことがない人に、高校を中退した若者の抱える不安な気持ちは理解できない。

過去を晒して恥ずかしいが、かくいう僕も、小学生のころ、クラスのガキ大将にけっこうひどくいじめられていた。それはそれはつらかった。

学校に行きたくない日もあった。

早くその状態から抜け出したいが、どう対応していいのかわからなかったし、周りに相談することもできなかった。またやられるのが怖いからだ。

とりあえず、どうすることもできず、嵐が過ぎるのを待っていた記憶がある。

そんな経験があるので、中高時代に僕自身が悪ガキグループを率いていたときも、いじめだけは御法度にした。

別に「素人に手を出さない」という極道の掟に憧れていたわけではなく、単にいじめられる側の気持ちが、自分の経験からわかっていただけだ。

過酷な下積み時代を経た男。

極貧生活を味わった男。

修羅場をくぐってきた男。

挫折を乗り越えてきた男。

こうした人生経験が豊富な男ほどいい男になりやすいのは自然なことだ。

もちろんこうした経験は逆に人の性格を屈折させる危険もある。

しかし、根っこに愛を持っている男がこういう経験をすると、とてつもなく器のでかい男になる可能性は大きい。

もしあなたがいま、もしくはこれまでに大きな挫折を味わったことがあるとすれば、将来、英雄になる要素は十分にあるということだ。

いい男は自分の経験を通して、人の痛み、悲しみ、切なさを知っている。

だからこそ、人に優しくできる。

HERO'S THEORY

11

何で助けるのかって？ そりゃ目の前で困ってる人がいるからだよ。 他に理由が必要か？

「あの人には本当に感謝してるよ。恥ずかしいから面と向かっては言えないし、何もできてないけど」

よく聞くセリフだが、よくよく聞くと本当に何もしていない人が多い。

言葉にするのが恥ずかしいのであれば、せめて誕生日に花くらい贈ればいい。お礼のひとつでも言えばいい。何らかのアクションを起こすことはやっぱり大切だ。

また、先輩にお酒をおごってもらったのに、お礼メールのひとつも送れない男も情けない。「俺、あの先輩に可愛がられているんだ」と自慢する暇があったら、なぜ感謝の気持ちを直接伝えられないのか。

気持ちを口に出したり、行動で示すのも愛だ。いい男は、そこに手を抜かない。

似たような話として、電車で高齢者に席を譲らない人たちのこんな言い訳もある。

「譲ってもいいけど、相手も年寄り扱いされたくないかもしれないからなあ」

これは詭弁だ。本当はその行為に踏み出すことが怖いのだ。

「よかったらどうぞ」と声をかけて、それでも相手が断るなら、そのときはありがたく座っていればいいじゃないか。

こういう言葉は、本人はもっともらしい理屈だと思っているのだろうが、聞いているほうはどこか胸がイガイガする。

人を思う気持ちを持っている人は、電車が駅に着くたびに車両のドアに目をやって、高齢者が入ってきた瞬間に立ち上がって席へ誘導できる。そこに小難しい自己弁護や理屈などない。

そもそも感謝の気持ちを伝えたり、高齢者を敬ったり、弱い人を守ったりすることに「躊躇する」必要などない。

それがスムーズにできないということは、どこか心に無駄な贅肉が付いている証拠だ。いい男の行動はもっと軽やかだ。

自分の気持ちを「言葉」なり「行動」なりで示せば、そのときの相手の状況なりに何らかのリアクションはある。そのときに、結果がマイナスに出たとしたら、それはそれで引けばいいいだけだ。

あなたの人生の主人公は、もちろんあなた自身だ。

しかし、人と人とがお互いに関わりあってはじめて成り立つこの社会で生きている以上、多かれ少なかれ、他人のことを考えないというわけにはいかない。「自分だけがよければいい」という理屈は、この地球上に二人の人間が生まれた時点から一度たりとも肯定されたことはないのだ。

そういう意味では、いい男は相手のためだと思ったら、自分が悪役になることを恐れずに厳しいことがズバズバ言える。

後輩の至らないところが目に余ったら、心の中で「こいつは使えないな」とクールに済ますのではなく、憎まれ役になることを承知で「おせっかいかもしれないけど、ちょっとおまえにとって耳が痛い話をするな」とアドバイスできる。

親友が怪しい商売に足を踏み入れようとしていたら、その一言で袂をわかつことになる覚悟をもって、「やめとけ」と止めることができる。

社長が裸の王様状態で暴走しだしたら、降格やクビになることも辞さずに、「社長、いい加減目を覚ましてください！」と涙ながらに訴えることができる。

これができるのがいい男だ。

極端なおせっかいになる必要はない。

しかし、少なくとも困っている人や、間違った方向に進もうとしている人がいたら、無意識に体が動くくらいの人間にはなりたいものだ。

自分を守ることばかり考えて生きるのは、男らしさをどんどん手放すことにならないだろうか。

いい男はあれこれ考えずに、さっさと相手を助けるための行動を起こす。そこにいちいちもっともらしい理屈などは必要としない。

HERO'S THEORY

12

優しい嘘、ついたことあるかい？

男として生まれた以上、誰しも一度はかっこいい男になりたいと願う。かっこよく生きる。

言葉としては幼稚に聞こえるかもしれないが、いい男というものは、「正しい、正しくない」より、「男としてかっこいいか、かっこ悪いか」を基準に物事の判断をする場合が多い。

「ときには方便として、優しい嘘をつけるのも、ひとつの男の器だよ」

斎藤一人師匠はいつもこう言っていた。

その言葉を師匠自ら体現するような出来事があった。

10年以上前、師匠からマンツーマン講義を受けていたとき、師匠のもとにある超有名人から対談の申し込みがきた。

ただ、その日程が運悪く、翌月約束をいただいた僕の時間とバッティングしてしまったのだ。

「日にちをずらします」と言って、僕はあわてて手帳を開いた。すると師匠はこう言った。

「ずらさなくていい。その日にこい。その対談を受けるつもりはないから大丈夫だ。俺にとってはその対談よりおまえに教えるほうが大事だからよ」

無名の若造の指導と、有名人との対談。あなたならどちらを選ぶだろうか。

当時の僕だったら、間違いなく後者を選んでいたと思う。弟子に使う時間なんていくらでも調整できるだろうから。

しかし師匠は僕を選んでくれた。僕の前で、その電話の問い合わせに、なんのためらいもなくオファーを断ってくれた。

「ちょっと配達があるのでその日時は無理なんです。申し訳ありません」と丁重に。

そもそも師匠は配達などしていない。これはもちろん嘘だ。

僕としては申し訳ないやら、うれしいやらで恐縮しきってしまった。そんな僕に、師匠はこう言った。

「この有名人にしてみれば対談相手はいくらでもいるから、わざわざ俺である必要はないんだよ。でも、いまのおまえには俺が必要だよな。それに若いやつとワイワイやっているほうが楽しいしな。いつも遠くからこうして来てくれてありがとよ」

その言葉に泣けた。

そしてしびれた。

鳥肌が立つくらいに。

こんな男になりたいと本気で思った。おそらく、あの瞬間の情景を忘れることは生涯ないと思う。

男としてやせ我慢をしないといけないときはある。

上司から任された仕事に苦戦していても「大丈夫です」と気高く答えるとか。

彼女にプレゼントを買ってあげるために人しれず食費を切り詰めるとか。

いくら忙しくても友達のお見舞いに行くときは「たまたま仕事が空いたから気にすんなよ」と優しい嘘をつくとか。

お世話になっている先輩に「いつもお世話になってます。臨時収入あったんで今日は僕が」と嘘を言ってお酒をおごるとか。

いずれも共通するのは、相手に気まずい思いをさせないためのやせ我慢。

男なら、かっこつけるな、ではなく、たまにはかっこくらいつけよう。

相手の心を軽くするために、ときには優しい嘘をさらっとつける。

そんな優しい男になりたいものだ。

HERO'S THEORY 13

シンプルに考えると、一番大切なものってやっぱり愛だよな、愛。

3年前に亡くなったが、僕の地元中津の大恩人で、藤本照雅さんといういい男がいた。藤本商店という、全国を相手にビジネスを展開する大きな米屋を経営している社長だった。僕は「テル社長」と呼んでいたので、ここでもそう呼ばせていただくことにする。

10年以上前のこと、このテル社長の車を借りる機会があった。あるイベントを仕掛けるのにあたって、スタッフの送迎に少し大きな車が欲しかったからだ。

そのイベントの開催に全力を傾けていた僕は、丸3日間、ほとんど睡眠も取らずにイベントをやりきった。そして遠くから手伝いに来てくれたイベントスタッフたちを家に送り届けて高速に乗り、ようやく地元の街明かりが見えてきたときだった。

ハンドルを握りながら意識が飛び、次の瞬間、車は高速の中央分離帯に突っ込んでいた。生まれてはじめての居眠り運転だった。慌ててハンドルを切って走行車線に戻れたので良かったが、そのまま対向車線に突っ込んでいたら、いまこうして本を書くことはできなかったかもしれない。幸い怪我はなかったが、高級外車のフロントバンパーは大破してしまった。とりあえず父に電話をしたあと、テル社長に電話した。このときのテル社長の第一声は、一生忘れない。

「えっ、生きてるのか、茂久！　あ、電話できるんなら大丈夫だな。ははは。おまえが大丈夫なら良かった。気をつけて帰ってこいよ」

そのリアクションは、拍子抜けするほどあっさりしたものだったが、そこにテル社長のでっかい愛を感じて、思わず胸が熱くなった。車はなんとか自走できたので、事故の処理が終わると一目散にテル社長の待つ会社に向かった。どうやって詫びるか、どうやって修理費を工面するかなど、いろいろ考えながら。

テル社長は米屋の入り口で、そんな僕を待っていてくれた。

僕はとりあえず車を飛び出し、最大限に頭を下げた。

「テル社長、すみません！」

すると、テル社長は顔色を変えるどころか、壊れた車を見ることもなく、

「あぁ、気にするな。そんなもん水をかければ治る。おまえが無事ならなんでもいい。とにかくイベントお疲れさん。さあ、とりあえず中入れ」

「水かければって……。いえいえ無理でしょ。フロントバンパー大破してんじゃん」

心の中でそう思ったが、僕に気を使わせないようにしてくれている、テル社長の器のでかさに、こらえていた涙が出そうになった。

「茂久、このことは誰にも言うなよ」

「あ、親父に連絡しちゃいました」

「バカ野郎！　おまえの父ちゃんに無駄に気を使わせるじゃねぇか！　こんなもん修理すればすぐ治る。俺から親父さんに心配しないように連絡しとく。ほら、中に入れ。3日間よくがんばった。疲れたよな。ほら、コーヒーでも飲んでいけ」

どこまでも男気溢れる社長だった。

血のつながった家族同士であれば、理屈抜きに相手を心配するのは自然なことかもしれない。しかし、テル社長は、いくら昔から可愛がってもらってきたとはいえ、あくまで他人だ。「生きているのか、茂久！」という反射的に出た言葉は、普段から本気で僕のことを思ってくれていないと絶対に出てこなかったはず。

講演や本などでこういう話をすると、「結局その社長はお金が余っているから心の余裕があるんでしょ」という理屈で片付けようとする人がいる。

しかし、金があっても余裕がない人は腐るほどいるし、むしろテル社長はそういう心根を持っているからこそ成功したのだ、と僕は思っている。

いい男は、自分ごとのように相手を思いやることができる。

普段から絶えず、そしてさりげなく。

HERO'S THEORY 14

おまえの大切な人は笑ってるか？

心優しき、いい男。

それを見事に作品として描いたのが、作家として僕が最も大好きな浅田次郎氏の『壬生義士伝』だ。

僕には自分の人生に大きな影響を与えてくれた映画が数本ある。これはその数少ない作品の中のひとつだ。

スタッフたちにもすすめたが、これだけ反応が真っ二つに別れる作品も少ない。

「めちゃくちゃ自分自身のあり方を考えました」

「あれ、どこで感動したんですか」

それぞれの立ち位置によって感想はさまざまだが、前者は主に、自分自身がすでに結婚していて、守るべき子供を持っている人の意見だ。やはり文学、映画、書籍というのは、自分と同じ立場の人間のほうが共感しやすいという特性を持っているのだということがわかる。

さて、この壬生義士伝。この作品は、

「義とは何か」
「誇りとは何か」
そして
「愛とは何か」

を幾重にも考えさせれる非常に深い話だ。

この作品の主人公は、家族を養うためにやむなく盛岡藩を脱藩した吉村貫一郎。剣の達人だった吉村は新撰組に入り、金のためにどんどん人を斬った。

それどころか、隊の同僚が他の同僚を秘密裏に殺したことを突き止めると、口止めのためにゆすりまでした。みな武士としての誇りに生きていた時代に、そんな吉村の行動は異端に映った。

周囲はそんな吉村を守銭奴と蔑んだが、彼はそんなことはお構いもなしに人知れずお金を盛岡に送り続けた。

吉村貫一郎は家族を守るためにプライドなど真っ先に捨てた。愛するものを守ること。それが彼の義であり誇りだったのだ。

しかし、当然、義士としての誇りと、自分の義のはざまで、彼は苦悩することになる。脱藩という形で一度義に背いたことを負い目に感じていた彼は、鳥羽伏見の戦いで、戦う大義であった「錦の御旗（天皇軍の証）」が薩長連合軍に渡ってしまった状況で悩んだ。

彼の真意を理解せず、守銭奴とバカにしていた周囲は「おまえは生きろ」と叫んだ。エンディングまでは書かないが、この作品が涙を誘うのは、作中に描かれる人々が、それぞれの置かれた立場で懸命に誇りに生きようとする姿が描かれていることだ。

しかし、この主人公、吉村のとったスタイルは、一貫して「大切な家族のために」

だった。その時代、武士のあり方というものは、武士道にもあるが、「武士は食わねど高楊枝」が常識だった。どれだけのどから手が出そうなくらいお金が欲しかったとしても、自分だけではなく、家族も我慢させるのが通例だった。しかし、吉村はそうはしなかった。

彼にとって一番大切なものは、自分自身の武士としてのあり方ではなく、自分の家族が餓死しないよう、お金を送り続けることだった。そのために武士のプライドを捨て、ピエロになり切ったのだ。

自分を捨て去る我慢力。これがいまの自分にあるのか？

大切な人を守るために、ここまで自分を土台にすることができるのか？

ここを深く考えさせられるものだった。

もちろん、いまの時代も誇りに生きる男たちは大勢いる。

いい男はどんな状況でも、周りの価値観に合わせたものではなく、自分の中で一番大切だと信じた義や誇りを守る。

HERO'S THEORY 15

大切な人を守りたいなら、まずはおまえが強くなれ。

身内ごとなので書くかどうか迷ったが、「男としてこんな生き方もあるんだな」となんらかのご参考にしていただければと思ったので、あえてこの章の最後に、僕の父のことを書かせてもらうことにする。

事業家であった父は、昔から金をコツコツと貯めていくタイプの男だった。儲かったから豪快に散財する、といったことは基本的にしなかった。

そんな父を見て育った反動なのか、僕の経営は「お金」をあまり重要視せず、極端なくらい「人」を軸にすえる経営をしていた。もともと、お金に対する執着はあまりないほうのタイプだったので、まとまったお金が入ればスタッフたちをねぎらうためにお金をどんどん使っていた。父から「考えてお金を大切に使え。おまえは無駄が多すぎる」とたびたび言われる言葉も、ある意味右から左だった。

先ほど克成のところで少し触れたが、2015年の夏、僕の母がすい臓がんになった。すい臓がんは最も見つかりにくく、がんの中では「難治ガンの王様」と呼ばれるものだった。

その事実を知ったとき、「なぜ母ちゃんが？」と天を恨みそうになったことを、いまでも昨日のことのように覚えている。

実際に闘病生活を通して知ったことだが、がん治療は本当にお金がかかる。発覚後、父と僕と弟の幸士は、母の治療のためにお互いいくら出せるか話し合う機会を設けた。

そのとき、父が提示した金額は僕の5倍近い金額だった。

貯めていた額にも驚いたが、忘れられないのはそのとき父が言った言葉だ。

「俺の全財産を使ってでもあいつを助ける。それが俺の役目だ。茂久、幸士。おまえたちも手伝ってくれるか？」

自分たちを産んでくれた母のこと。もちろんだ。

しかし結果として、僕と弟は金銭面では大して役に立てなかった。

残念ながら、立ちたくても僕たちの力だけで治療費を捻出することは、到底不可能だったのだ。だから母の精神面の方のケアを担当することになった。


病気において、少なからずメンタルの状態は大切だ。弱音を吐きたくなることもあるが、それだけでは本人がくじけてしまう。闘病において、一番大切なのは本人の生きる意志だ。だから少しでも強く生きていける力を持てるよう、僕は母にあるときは厳しく接していた。

そんなメンタルケアに明け暮れていたある日、父は僕を呼んでこう言った。

「茂久、もうこれ以上、たつみ（母の名前）に厳しいことを言うな」

「なんでよ？　あれじゃあ母さんダメになるよ」

「いいんだよ。あの性格は変わらない。だったら、どれだけ長く生きれるかどうかはわからないけど、俺はあいつが死ぬまでとことん甘やかして送り出すことにした」

「甘やかす？？？」

「おう、あいつの願いをすべて叶えるんだ。とことんな。いいじゃねえか、残りの人生が幸せであれば。だからおまえも幸士も、とにかくあいつの言うことは全部聞いてやってくれ」

母をとことん幸せな姫にする――――。

父の指令で、それが僕たち3人の合言葉になり、その日から僕たち男3人は姫に使える家来のようになった。

行きたいところにはどんなことをしてでも連れて行く。

食べたいと言ったものは、なんでも病室に買ってくる。

弱音を吐いたら一晩でも聞き続ける。

その中でも特に甘やかしたのは、母が大好きだったサプリに関してだった。

母は、親族の中でも「サプリちゃん」とあだ名がつくくらいのサプリマニアだった。41年の付き合いの中で、実家に戻るたび、新しいサプリがテーブルに並んでいなかった日は一度もなかったくらいサプリ命だった。

「健康のためなら死んでもいい」

なんて、まったく意味のわからない言葉を本気で言っていた。

その言葉通り、実際に、死んだ翌日も、「サプリ生活」みたいなタイトルの年間購読誌が届いたくらいだから、

「たつみちゃんはサプリと共に生きる気満々だったんだね」

と親族みんなが泣きながら大笑いしたくらいだ。

とにもかくにも母が求めることはなんでもする。

欲しいサプリは全部買う。それがいくら高価なものであったとしても。

「あのね、茂久。どうしても欲しいサプリがあるんだけど、お父さんに聞いてくれない？」

聞けば金額はその商品だけでも月に15万。その高さにたまげたが、父に聞くと、

「いいよ。買え」

となんのためらいもなく答える。

「あいつを幸せな姫にする。俺の全財産を使ってでも」

そう言った父の言葉は本気だった。


後になって弟から聞いた話で、死ぬ前日、母は父にこう言ったそうだ。

「お父さん、本当にありがとう。結婚して43年間、本当に幸せでした。3人とも、この闘病の間もわがままをきいてくれたね。本当に楽しかったよ」

自分の死期を悟って覚悟した言葉だったのかどうかは、今となってはわからないが、この翌日、闘病生活をはじめてから11ヶ月後の5月23日。この言葉を残して、母は逝った。

そして葬儀。棺桶がたくさんの花でいっぱいになった母に、

「たつみちゃん、いっぱい大切にしてもらってよかったね」

とみんなが声をかけてくれていた。

「私も、だんなや息子たちにあれだけ守ってもらえるたつみママみたいな姫のような女性になりたい」

と言った僕と同い年の女性もいた。

父、弟、そして僕。

母が死んだいまでも、僕たち3人の姫計画がどれだけうまくいったのかはわからないし、闘病生活において、僕たちのとった接し方が正しいかどうか、そんなことはわからない。

しかし、いずれにせよ、この一年の父のあり方を通して、僕は経営者として、何よりも男としての自分のあり方を本当に省みた。

身内のことをこう書いて恐縮ではあるが、闘病生活を通しての、父の男としてのあり方は本当にかっこよかったと思う。

「大切な人を守るためには、きれいごとではなく、現実に、お金も必要なのだ」

ということを、僕に心の底から実感させてくれたのは、他の誰でもなく、父だった。

自分一人のために「金、金、金」言う強欲な男は強烈にダサい。

しかし、だからといって、その反動でお金を否定しだすと、人生の血液とも言える「お金の流れ」を断ち切ることになり、どこかで無理が生じる。

だからいい男はいくら豊かで愛に満ちていても、「適正にお金を稼ぐ」という男としての役割から逃げることは決してしない。

夢を叶えるのも、人に幸せを与えるのも、人を守るのも、まずは自分がしっかり立てるようにお金を稼ぐことからはじまるのだ。


人間性も力だが、お金も力だ。

いい男はまずはしっかりと自分に力をつけることを考える。

力がないと、大切な人は守れないから。

HERO's THEORY

第3章

いい男の色気論

僕が死んだら、
墓前に芸妓を集め、
三味線を鳴らし騒いでくれ。
よろしく頼む。

高杉晋作（維新志士）

HERO'S THEORY
16

いい男には独特の色気がある。いい男には不思議な華がある。

本書の表紙の帯に書いた言葉を覚えていただいているだろうか。

「本物と呼ばれる人は、何を大切にしているのか？ 器、優しさ、色気、夢、覚悟。いまのあなたはどのレベルですか？」

これをあなた自身、そしてあなたの周りにいる男性たちにあてはめて考えてみてほしい。

器から始まる5つの要素（正確には本書は7章立てにしたので7つあるが、ここではあえて帯の文言に従って5つにする）、この5つを五角形にしてそのひとつひとつのレベルを5段階で測定すると、その男の総合力、つまり格が見えてくる。

余談になるが、この表紙の言葉をつくるとき、意外にもこの5つの中で、ひとつのキーワードがプロジェクトメンバーや協力者たちの心に引っかかった。それは「色気」という言葉だった。

「男の色気ってどうやったら持てるんだろう」

この言葉が飛び交いまくった結果、僕なりにひとつの結論が出た。

男の色気は何に宿るのか？
一言で言えば、「我慢する力」だ。

この色気に年齢は関係ない。幼くても色気を持った男の子はいる。逆に歳を取っても色気のない男性もいる。

たとえば二人の男の子がいるとする。何かの勝負で負けたとき、もしくは何らかの悔しいことがあったとき、人目はばからずにワンワン大泣きする男の子には、幼さからの愛おしさは感じるかもしれないが、色気は宿らない。

逆に、目に涙をこらえ、言い訳せずにぐっと唇を噛み締めて、肩を震わせる男の子には、誰もが頭を撫でながら、抱きしめたくなるような感情が湧き上がってくる。

この感情の引き金になるもの、それがその男の子からにじみ出る、男としての色気だ。

不思議なもので、何かを我慢してストイックに生きている男には色気が出る。

好きなものを好きなだけ食べ、ぶくぶくと太った男に人は色気を感じない。

なにもボディービルダーのようになる必要はないが、最低限のボディーメイキングに気を使うことも、最近の男には求められはじめた。もちろんこれにも、我慢力が必要になる。

外見だけではない。内面も同じだ。

自分を省みることなく、人の批判ばかりする男。

自分の失敗を人のせいにしてふてくされる男。

自分の弱さを治すことなく、居直って、「こんな情けない僕を愛して」と甘える男。

目的のためなら手段を選ばずに人を踏み台にしても全く悪びれない男。

こんな男に誰が色気を感じるだろうか。

当然、いい男は全部この逆の生き方をする。それにも当然、我慢が必須事項になる。

男として生きていれば、逃げ出したいことや、つらいことの一つや二つは必ずある。

仕事、人間関係、もしくは自分が挑戦すると決めた何かをあきらめようとしたとき。

理不尽なことに遭遇したとき。もしくはやむをえず、大好きな人と別れなければいけなくなったとき。

そのときにぐっと我慢できる男には色気が宿る。

泣きたくても、ぐっとこらえて言い訳を飲み込んだとき、生き方に深みが増し、男の目が澄んでくる。

我慢は男にとって必須命題だ。ここだけは絶対にあきらめないでほしい。

いい男は人を惹きつける不思議な色気を持っている。

その色気の正体。それは「我慢する力」だ。

HERO'S THEORY 17

かっこつけるなじゃない。かっこくらいつけなくてどうする。

大人でも子供でも関係なく、いい男は共通して、自分よりも他人のことを優先的に考えることができる。

これも大きくまとめれば「我慢する力」だ。

あなたの周りにいるいい男を想像してみてほしい。「自分だけ良ければばいい」と露骨に言う利己主義者がそのリストに含まれるだろうか。きっと入らないはずだ。

正直に告白すれば、いままで書いてきた本のなかで、救いを求める一部の読者を想定して「自分を犠牲にしなくていいよ」と耳障りのいい言葉を書いたこともある。

しかし、

「こんなことまで書かなきゃいけないほど、今の日本人は自分を犠牲にしてるのかな？」

という違和感が、自分の中には正直あった。意外にも、この言葉に「よくぞ言ってくれました」と反応する人も少なくなかった。いや、むしろその数に驚いたくらいだ。

しかし、この本は「いい男論」だ。「犠牲」という言葉がきつすぎたら、「土台」という言葉に差し替えることもできるが、とにかくそういった癒しの言葉など必要ないだろう。

一言で、他を思うと言ってもいろいろな形がある。

部下の面倒見がいい男。

普段はそっけないけど、肝心なときは体を張って大事な人を守れる男。

全体のために自分がなすべきことを見極め、自分の立場で全力を尽くせる男。

人が求めていることを与え続けることに生きがいを感じる男。

そのスタイルはバリエーションこそ多いが、いずれの男たちも、「人のために自分を土台にすることをいとわない」という点は共通している。

「自分の夢を追い求めることで、結果的には周囲を幸せにすることができる」という西洋的理論もある。海の向こうでは利己主義は立派な政治思想になっているし、日本でも最近、この考え方はやたらとウケがいい。

しかし、どれだけ海外の思想が入ってこようが、ここはあくまでも日本だ。日本人の中には、先人から受け継いだ日本人としてのDNAがある。

とはいえど、残念ながらこの言葉を盾に、自分の夢を実現してもなお、自分のことしか考えないお金持ちや権力者は大勢いるのも事実だ。

こんなことを言っていると、「おまえは昭和初期の人間か?」と思われるかもしれないが、時代錯誤と言われることをあえて覚悟して言う。

不易流行という言葉が示す通り、時代というのは、ずっと変わらないことと、時代によって変わらざるをえないことの2つで成り立っている。僕は前者の不易専門側の著者でありたいと心から願う。できるできないは別として、目指す。

最近、あまりに世の中の多くの表現者が、不易ではなく、流行側の論調を展開するので、いつしか僕の主張は「ニッチですね」と言われるようになってしまった。

しかしそんなことは気にせず、あえて僕は昔から先人が伝え続けてきた、変わらない人間のあり方というものを、不肖ながらではあるが、一貫して伝え続けていきたい。

どれだけ時代が変わっても、自分の幸せしか考えていない男が半永久的に反映することはない。

同じように、自分のことを少々我慢してでも、他人のことを考えて行動する男が、いつまでも冷や飯を食うことも絶対にない。

いい男は自分を土台にできる捨て身の力を持っている。

人のために自分を平気で捨てることができる男には誰も勝てない。

HERO'S THEORY 18

ありのままの自分を見せればいい？それ本当か？

情報を発信したり、コミュニティーを運営するツールとしてフェイスブックをたまに使うが、ときどき、目にした周りの人が思わず引いてしまう、子供のような痛々しいアップをしている男を見かけることがある。

「仕事ちゃんとしてんのか？」と周りが聞きたくなるくらい、1日何十回もアップしている、「ねえねえ、聞いてよ派」。

愚痴や悩みばかりを恥ずかしげもなく書き込む「悲劇のヒーロー派」。

あらゆる投稿にコメントやいいね！を残す「SNSが生命線です派」。

ワイドショーネタにいちいち意見を表明しないと気がすまない「コメンテーター派」。

ちょっときついセグメントになってしまったかもしれないが、いずれも、見事なまでに男の評価を下げる。

なぜ自ら進んでそのような自傷行為をするのだろうか？

もしかしたら「ありのままの自分」を見せることがいいことだと思っているのではないか？　もしくは寂しいのか？

「自分はこれだけ晒しているんだから、みんな僕のことを愛してよ」と。

これは子供の甘えだ。

もちろん一部の世界では、それも成り立つこともあるのかもしれないが、少なくともいい男たちの世界ではありえない発想だ。男にはわかりやすさも大切だが、多少のブラックボックスがあるくらいがちょうどいい。

そもそもSNSは「ソーシャル」という言葉通り、パブリックな場だ。しかし、最近は、その認識がだいぶ薄れている気がしてならない。公開設定を絞り込まないい限り、ＳＮＳは自宅の居間でも、友達とよく行くカフェでもなく、居酒屋のカウンターでもない。その発言は世界、そして未来へ発信される。

だからこそ発言には責任を持たないといけないし、その言動によってあなた評価はいくらでも変わることを強く意識しないといけない。

人は他人のことを真実よりイメージで判断する生き物だ。いきなり相手の本当の人間性などそんな簡単にわかるわけがない。

その点、ＳＮＳは一度も会ったことがない人でもつながることができ、毎日投稿を見ているとなんとなく「この人はこういう人なんだな」という感覚を持つことができるツールだ。良くも悪くも発信によって自分のイメージがつくられるのだ。

そういう意味では究極のブランディングツールでもあり、逆に、そこを意識しないと、自分のイメージをどんどん下げるイメージダウンツールになる。

一番残念なのが、詳しくもないのに偉そうな批判を書き込む男だ。もちろん、信念に則って書くならいい。しかし、どう考えても「世の中を斬っている俺、カッケー」という勘違いは周りをシュールな気分にさせる。

最悪、書いてしまったとしても、いいね！の数が「2」くらいしかついていなかったら、その場で自分がやらかしたことに気づいて、消去するくらい空気を読める人間ではありたい。

ソーシャルである限り、大人には大人としての振る舞い方というものがある。

どのみち男はある程度、仮面をかぶって生きる宿命があるのだからSNSでもそれを徹底すればいい。

いい男はすべてをさらさない。秘めた部分を必ず持っている。だからこそ、人の好奇心を刺激するのだ。

HERO'S THEORY

19

強い男を育てるもの？ そりゃ社会の理不尽と矛盾だよ。

最近、コンサルティング業務の一環で、採用の現場に立ち会うことが増えた。その面接で、まっさきに待遇を聞いてきたり、前職の愚痴を述べる男がいる。

「給料はどうですか?」

「福利厚生はどうですか?」

「以前の会社はブラックで……」。

それが従業員の権利であることは百も承知している。しかし、雇用する経営者の側に立たされている人間としては、

「あなたが、会社にどんな形で貢献できるのか語るのが先なんじゃないのか？　嘘でも社交辞令でもいいからそれくらいのことは言えないのか？」

と横から口を挟んで質問したくなってしまう。

男の社会ではほとんどが底辺からのスタートだ。そこから這い上がるために実績を残し、競争を勝ち抜いてポジションを上げることではじめて、ようやくやりたいことができるようになるというルールになっている。

だからこそ、若いうちはやりたいことを語る前に、求められることを全力でやることを先決したほうがいい。その間に自分の思わぬ素質に気づくこともあるし、新しい目標が見つかることもある。

先ほども書いたので重複になるが、最近、「やりたいことをやろう」と安易に提唱する傾向が見られる。これは裏を返せば「やりたくないことはやるな」ということだ。ただの子供の理屈ではないか。

会社を辞める。社会的責任を放り出す。なぜなら、やりたいことではないから。まだ駆け出しの人間がこの発想を持つと、辞める言い訳にしかつながらない。

そもそも聞いてみたいが、いきなりそんなにやりたいことばかりをやらせてくれる会社ってあるのか？

残念ながら、この社会は理不尽で溢れている。それを現実として受け入れ、逃げなかった男は、同世代と比べても確実に一皮むける。「損して得取れ」とはよくいったもので、若いうちに、一見損をする仕事にどれだけ真剣に向き合えるかも、男の器量を決めるひとつの要因だ。

僕の周りにいるいい男たちに過去を聞くと、理不尽を絵に描いたようなやんちゃな親分のもとで育ったとか、もしくは経済的に恵まれない家庭で社会の厳しさを味わって育った人が多い。

もっと振り返ってみれば、学生時代の部活でも、理不尽きわまりない先輩のいびりを経験した人も多いはずだ。しかもそういう部活に限って強豪だったりするケースも少なくないから興味深い。

ただし、だからといって自分までが理不尽になってしまうのはかっこ悪い。

たとえば理不尽な社長がいて、あなたが管理職だったとする。

そのときに社長の理不尽な言い分をそのまま部下に伝えるのは、ただのメッセンジャーボーイにすぎない。

理想は、社長に対しては「おっしゃることはわかりますが、彼らも大変なんです」と軽い抵抗をし、なおかつ部下には「まあ、社長も大変なんだよ」と、両方を立てることができるバランス感覚。

こんないい男が一人いるだけで、組織は円滑に回る。

理不尽な経験をクリアしている男は、いつしかその理不尽や矛盾に対する耐性がつき、ちょっとしたことでへこたれないし、いちいち目くじらを立てなくなる。清濁を併せ呑むことができるようになるのだ。

いい男は矛盾ごと世の中を俯瞰できる器を持っている。

HERO'S THEORY

20

いつも集まって愚痴ばっかり言っている群れに入るなよ。それなら一人でいたほうがよっぽどマシだ。

天毛伸一という同い年の友がいる。彼は六本木ヒルズでブレイン株式会社という、大きなＩＴ会社を経営する男だ。『独立不羈』（ダイヤモンド社）という本も書いているので、ご興味のある方は、ぜひ手にとって、机ひとつから六本木ヒルズへ駆け上っていった彼の生き様に触れていただきたい。

僕らはお互い忙しく、1年に2回から3回くらいしか会えないが、彼と会うと、毎回いい酒が飲める。世界をまたにかけた大きな事業をいろいろ仕掛けているので、めまぐるしい毎日を送っていることは間違いないはずだが、彼はごく稀に仕事の報告しかフェイスブックにアップしない。しかし、そのアップはいつも、僕をワクワクさせてくれるものばかりだ。

僕にとってはそれで十分。そんな大きな仕事を手がけている以上、いろんな苦悩も抱えているだろうが、彼のことだからきっと乗り越えると信じているからだ。「あいつ順調に行ってるな」とか「さらっと書いているけど結構苦労したんじゃないか」とか、勝手に想像を膨らませながらニヤけ顔で眺めている。そんな友がいることを誇りに思う。

「男同士の成熟した関係、男にとっての適切な距離感というのは、年に数回会うくらいでちょうどいい」

僕の尊敬するビジネスの先輩がよくこう言っていた。確かに男同士のこういう関係は、いくつになってもうまくいくものだ。

逆に周りの人が「よく飽きないね？」と思ってしまうほど、いつも同じメンツで群れている男たちがいる。

人生をかけた仕事のプロジェクトならまだともかく、ただなんとなく集まって、同じ昔話を何度も繰り返して、世の中の不平不満を言い合うだけの関係はいかがなもんだろうか。意味もなく安易に群れるのは、ただの幼稚性の現れでしかない。

そうやってお互いに依存しあい、傷を舐めあい、成長していない自分を正当化することに慣れてしまうと、一切の外敵がいない安住の場所にこもるしかなくなってしまう。そして意識せずともお互いの足を引っ張りあうことになり、文字どおり、「みんなで仲良く」くすぶり続けることになってしまう。これでは男として少し残念だ。

もしあなたが所属しているコミュニティーなり組織が、夢のひとつも語ることを許されないような空気をしているなら、自分の居場所を考え直したほうがいい。その空気にスポイルされてしまう可能性がある。むしろ思い切って飛び出してみることで新しい世界が見えてくることも往々にしてある。

そもそも酒の誘いを1、2回断ったくらいで「最近、つれないよな」と言ってくるような男は、自分が小さな群れに安住していたいだけだ。変わらない周りの人間を使って自分を安心させたいだけだ。その願望を満たすために、あなたの貴重な時間を無駄にする必要はない。愚痴る連中と時間を過ごす暇があるなら、仕事にもっと没頭するか、ためになる映画にでも行くか、さっさと帰って本を読んでいたほうがよっぽどいい。

いい男は人に依存せずに自分の足で立っている。だから、自分の時間をもっと自分を磨くために使う。

それは何も孤独に生きるという意味ではなく、「孤立を恐れない強さを持つ」ということだ。孤高という言葉のほうが適しているかもしれない。

もちろんそんな男たちだって、なんらかの形で集合することがある。しかし、その集まりが大切にしているのはあくまでも量より質。

そんな集まりを探すのは、そんなに難しいことではない。

いまの時代、コミュニティーなどＳＮＳで探せばいくらでもある。そういったツールを使って、いい男たちの輪を見つけ、どんどん刺激を受けに行けばいい。

いい男たちはいい男たちで集まる。

勇気を出して、本物たちの住む海に飛び込んでみないか？

HERO'S THEORY

21

ミラーボールみたいな男になれ。

30年連続、営業成績トップ。

こんなサラリーマンがいたらたしかにすごいと思うだろうが、それだけでは男としての凄みは正直なところ、あまり感じない。こういう人を見ると、僕は「散々目立って、散々稼いだでしょ。そろそろ後進を育てたら?」と思ってしまうのだ。まあ僕がへそ曲がりだからなのかもしれないが。

圧倒的なトップをある一定期間経験した後は、マネジメント側にまわり、次世代の育成に力を注ぐ。

そしてその実践に裏打ちされたノウハウを学んで育った部下たちが、新しい時代のトップを張る。そうやって後進にその座を譲ることができる人のほうが、男のあり方として美しい気がする。

いまは空前の自己実現ブームだ。SNSの繁栄も大きく手伝って、自己表現したい人たちの数は飛躍的に増えている。

自分を発信したい。だったらそれを実現させる、つまりその人たちが活躍できるステージをつくるのも、賢い男のあり方のひとつではないか。人はメリットのあるところに集まるのだから、メリットを与える場所をつくれば、人は育つし、つくった本人も自動的に繁栄することになる。まさに一石二鳥だ。

それに、いつまでもその座に居座って後追いの脅威に汲々とするのも疲れるし、精神的にも効率的ではないではないか。

盛者必衰のことわりのごとく、「衰えたな」と言われるくらいなら、その前にさっさと引いたほうがよほど経歴が伝説化される。

僕が主催させてもらっているコミュニティーでは、毎年、特攻隊の最前線基地で有名な、鹿児島の知覧で合宿を行っている。

そこで僕が一番意識していることは、参加者同士をつなげること。

僕が一方的にしゃべってしまうと、彼らからすれば自己表現ができないし、そもそも座学であれば僕の本を読んでもらえばいいだけの話だ。せっかく遠くまで足を運ぶという行動を起こしてくれたのだから、彼らには一生の財産になる体験をしてもらわないといけない。

だからやることは簡単。

合宿がはじまったらどんどんグループ分けをして、フラットに参加者が交流できる対談形式のワークを繰り返す。

すると、似たような志を持った参加者なので、自然発生的に大なり小なりのグループができる。そしてそこで生まれたそのグループの関係の多くは、合宿後も続く。

だが、僕がそこに顔を出すことはしない。そうすると、せっかくの彼らの輪を壊してしまう恐れがあるので、基本、僕は一切ノータッチだ。

誤解のないように言っておくが、あくまでこれは僕がつくったやり方ではない。

斎藤一人師匠をはじめとして、僕の人生の先輩たちは、みなこうしたステージメーカータイプの人間だった。そのやり方を真似させてもらっているだけだ。

その人を慕って集まった次世代たちがそこで出会い、成長し、巣立って、成功する。そんなスターが大量に生まれたら、それこそすばらしいことじゃないか。

「世界一貧乏な大統領」の名称で有名な、ウルグアイのムヒカ元大統領がこんなことを言っていた。

「真のリーダーとは、自分をはるかに超える人財を育成できる人のことである」

その通りだと思う。そして、この真のリーダーの部分は「いい男」と置き換えることができる。

ミラーボールは自分に集まった光を反射させて、周りを照らす。自分一人が光るだけじゃなく、周りを輝かせる。こんな生き方が一番粋でかっこいい。

いい男はしっかりと実績を残したあとは、一人でも多くの人が、思いを実現できる場所を生み出すことに自分の力を使う。

HERO's THEORY

第4章

いい男のあり方論

「私は悪人です」

というのは、

「私は善人です」

ということよりもずるい。

坂口安吾（作家）

HERO'S THEORY

22

部下には部下の、後輩には後輩のかっこいいあり方ってのがあるんだよ。

「社長は基本、動かないでください。それが部下としての俺たちの誇りです。王将が動く将棋は負け将棋ですから」

先日、僕のクライアント先の会社の、とあるプロジェクトミーティングで、スタッフたちが経営幹部に言った言葉だ。

いい男たちだなと感心してしまった。やる気のない部下に頭を痛めているリーダーたちにとっては、泣いて欲しがるような言葉だ。

「いかに自分が楽をできるか？」を考える男たちが世間にあふれている中、このような言葉を発する気概を持った若い人たちに出会えたことに嬉しくなった。

彼らのように、いい男かどうかの基準に、社会的なポジションなど一切関係ない。リーダーの中にいい男がいるように、部下の立場であっても、いい男は当然いる。

もちろんそのポジションごとに求められる役割や覚悟は違うものではあったとしてもだ。

ありがたいことに僕も、似たような言葉をスタッフたちからもらったことがある。彼らが別人に変身したそのときの情景は、今でも忘れることはない。その頃の僕は、スタッフたちのモチベーションの低さに、毎日のように頭を抱え込んでいた。

しかしあることをきっかけに、そのスタッフたちがガラッと変わったのだ。

当時の僕は居酒屋を複数経営しながら、店の営業はスタッフたちに任せ、講演や出版の営業活動で外回りに明け暮れていた。そんな最中、師匠である斎藤一人さんが、僕の店に遊びに来てくれた。そのとき、師匠に対してスタッフのひとりが、「社長が全然お店に顔を出してくれない」と愚痴をこぼしたそうだ。そのときの師匠の返しが一瞬でうちのスタッフたちを変えてくれた。

「茂久がいないとおまえたちはがんばれないのか？『大将、お店のことは大丈夫ですから僕たちに任せてください。営業大変でしょうが、がんばってくださいね』って言えるかどうかが、男としてのかっこよさなんじゃないのか。店を任される人間にも、その立場でのかっこよさってあるんじゃないか？」

この強烈な一発がきっかけで、スタッフたちは自主的にミーティングを開き、以後、僕に依存することがなくなった。自分たちで店を繁盛させるということが、彼らにとって、自分たちのかっこいいあり方になったのだ。

師匠と弟子、もしくは上司と部下の関係は、父と息子のような関係が理想だと僕は思っている。すなわち、上役の背中を見ながら多くを学び、人間的に成長させてはもらうが、そのでっかい背中に依存することはない。それが弟子として、部下として持つべき美学であり、かっこよさだ。これが実践できる男は本当にかっこいい。

話は少しそれるが、最近、「僕は師匠を追い越すことが夢です」といった言葉を耳にすることがあるが、僕はその発想があまり好きではない。

「師匠に恩返しする」という覚悟を日頃から持っている男であれば、弟子である自分自身が成長し、活躍することで、自分を育ててくれた師匠のポジションも必然的に上がると考えるのが当然の流れになるはず。

漫才ブームを牽引したビートたけしさんは、師匠の深見千三郎氏がなくなったあと「芸人として超えることができなかった」と言って泣いた。「そうした姿勢を持っている男だからこそ、あのポジションまで上り詰めたのだ」と僕は思っている。

自ら師と仰いだ人や、親身になって自分を育ててくれた上司や先輩、または自分を育ててくれた人に対しては、感謝以外の感情など持たなくていい。そもそも「超えた」とか「超えていない」とかは周りが判断することだ。それを自分で宣言するなど、あまりにもかっこ悪くないか。

人生の師匠、先輩や上司、そして親は自分の根っこだ。根っこに水やること、つまり感謝することを忘れて、葉を上に伸ばそうとしたところで、必ずや痛い目にあう。

いい男はどんなポジションに立たされても、その立場で、あるべき姿を徹底的に追求する。だから光り輝く。

HERO'S THEORY 23

少々、損をしても筋を通す。結局最後はこういう男が必ず勝つ。

この原稿を書いているときに、とあるテレビ番組を目にした。国民のあり方のパーセンテージを当てる番組だった。

その中に「38度以上の熱が出たときに、会社を休まない人の確率は？」という問題が出た。答えは55パーセントだった。それを「なんて日本の会社はブラックなんだ！ そう考えると、うちの会社もブラックだ！」と早計に決めつける人がいる。

休みたいなら自分は休めばいい。

自分が属している会社をブラック呼ばわりするなら、さっさと転職すればいい。

文句を言いながら給料もボーナスもしっかりと受け取るってのは、ちょっとかっこ悪くないか？

仕事上、僕は若い人から人生相談を受けることが多い。その多くは人生の岐路に立たされたときに、男として何を天秤にかければいいのか、というものだ。信念の優先順位付け、とでも言おうか。

その中でもよくあるのが転職の悩みだ。

ある日、僕の地元の後輩からこんな相談を受けたことがある。

「いまの会社は、社長にも先輩にも本当にお世話になったんです。いまの自分があるのも彼らのおかげです。けど、自分がもっと飛躍できそうな仕事に出会ってしまいました。いまの会社を裏切るのも忍びなくて、どうしたらいいのかわかりません」

変な表現かもしれないが、彼は「いい悩み方」をしている。

正しいか間違っているかはわからないが、こんなときの僕はこう伝えることにしている。

「ライバル会社じゃなければ転職すればいい。その代わり、明日から最低3ヶ月間、会社の誰よりも早く出社して、誰よりも全力を尽くして仕事をしてみたらどうだろう。それでもなお決意が変わらないなら、そのときは潔く辞めればいい。ただ、せっかくつくった君の人脈だろ。辞めた後もその会社の人に、君を応援したいと思わせるかどうかは自分次第。いまから3ヶ月が勝負だよ」と。

日本のビジネス社会は、筋が通っていないことを嫌う。

これは何も、極道の方々だけの特権ではない。ビジネスの世界にも守るべき筋はしっかりと存在する。いい男はそのことに敏感である。

お世話になっている人に背いたり、普段は疎遠なのに困ったときだけ友人面をしてきたり、ルールや約束を平気で破ったりする浅ましい男は、単純に信用されない。岐路に立ったときは、転職先での未来より、まずはお世話になった会社への筋の通し方を考えたほうがいい。

退職日が決まった日から露骨に気がぬけて、有休消化といって中途半端に出社する。いままで溜め込んでいた鬱憤を晴らすように、捨て台詞を残して会社を辞める。

こういうのだけは絶対にやめたほうがいい。

人の道というと硬くなるが、長い目で損得を考えたとしても、お世話になった人たちに不義理をして絶対に得なことは何もない。そこを徹底して誰よりも「恩返し」ができれば、全員とまでは言わないにしても、必ずあなたの味方が増える。

いい男は何にも先駆けて、お世話になった人への恩と筋を一番大切にする。

HERO'S THEORY 24

おいおい、全部まわりのせいかよ。

２０１５年７月17日の朝日新聞に、ある大学院生が書いた投書が掲載され、ネット上で大炎上した。とても考えさせられたので、少し長いが原文を紹介する。

私たちは、平成の時代に生まれた。生まれた時、すでにバブルははじけていた。小学生の時、突然、「ゆとり世代」にさせられ、イラク戦争が起きた。中学生の時、リーマン・ショックがやってきた。高校生の時、東日本大震災に遭った。大学院の時、２度目の安倍内閣ができた。

そして、大学院生の今、自分の国が70年前の教訓と民主主義に別れを告げようとしている。
私たちは「捨て駒」としてこの世に生まれたのか。少子高齢化の今、私たちは増え続ける高齢者と傾き続ける経済を「ゆとり世代は駄目だ」と言われながら支えなければならない。若者たちの生活は保障されていないのに、たくさん子供を産み育てろ、という。
権力者は、庶民の生活も、戦場の実情も知らないのではないか。そのような人たちに支配された国を、なぜ私たちは愛さなければならないのか。そもそも何から日本を守るのか。日本は何に狙われているのか。狙われているなら、権力者は武力ではなく外交で国民を守るべきであろう。愛することもはばかられるこの国を守るために、命を差し出せというのだろうか。

（２０１５年7月17日　朝日新聞　東京版より）

賛否両論はあるだろうが、僕はこれがすべての若者の叫びではないと信じたい。

ちょっとあまりにも無責任な思想が浮き彫りになりすぎていないか。最初から最後まで一貫している「僕たちこんなにかわいそうなんだよ。手厚く守ってくれたら日本を愛してあげてもいいけどね」という発想だけはいかがなもんだろうか。

そこには自分で国をよくする、自分の国を守る、自分で背負うという発想が微塵も感じられない。「愛することもはばかられる」と言いながら国に依存しきっている。

この発想が「ゆとり世代」を象徴する言葉なのだとまとめられてしまうと、この世代に生まれた人たちもいい迷惑だろう。

これをもっと小さなスケールで考えてみよう。

自分の親に対して「家が貧しかったのは父親のせいだろ。そのせいでゲームも買ってもらえなかった。だから介護なんて絶対しない」と言うのだろうか。

または会社で「業績が悪くて僕の給料が安いのは上司や経営者がバカだからだ。なんで僕が残業しないといけないんだ」と喚き散らすのだろうか。

自分の置かれた状況が、必ずしも理想的ではないというのは、だいたい皆一緒だ。多くの人はその困難を受け入れながら、その状況の中で闘っているのだ。

現在の自分の置かれた状況をさっさと受け入れて、「仕方ねえな。いっちょやってやるか」と腹をくくった瞬間から、男は一皮ずつむけていく。

もしそれを放棄すると、その人は永遠に理想郷を求めることになる。

転職を繰り返す人の発想もまさにこれだし、「ちょっと人生を見つめ直す旅に行ってくる」とインドを放浪する人の発想もこれ。

ひたすら現実から逃避し、責任を回避する。

なかには理想郷を求める旅に生き甲斐を感じる人までいる。


いい男はそう簡単に人のせいにはしない。

「周りが何をしてくれるのか」ではなく、「自分が周りに何ができるのか」を常に考える。

HERO'S THEORY 25

自分の立ち位置が見えていない男はダサい。

普通の人が一生懸命働いているはずの時間に、喫茶店などでスポーツ新聞を片手に、野球のテレビ中継なんかを見ながら、

「いやぁ、あのピッチャー、メンタル弱いからダメだな」

などと言っている人を見ると、コントや漫才に出てくる笑われ役に見えてくる。

その人が代わりにマウンドで投げている姿を想像するだけで笑いが出そうになる。

または、キャバクラに行ったことを自慢げに話ながら、

「その子に社会の正しい道を教えてやったよ」

とドヤ顔で言う男。

「あんた、そのキャバクラ嬢に世話になっておいて、何、見下しているんだ?」

とツッコミたくなる。

もしくは目標に向かって歯を食いしばって働く知り合いを見て、

「なんだおまえ、社畜に成り下がったのかよ」

とバカにする男。

「死んだ目をしているおまえより100倍マシだ」

と言いたくなる。

自分の立ち位置がしっかりと見えていないと、男はいい笑い者になる。

地に足のついたいい男は、がんばっている人間に対して、無駄な評論などしない。それは自分自身のことが、しっかりと見えているからだ。自己俯瞰力、つまり自分自身を大きな視点で捉え、最適な判断を下す力を持っているのだ。

その自己俯瞰力をつけるには経験値や情報力も必要だが、その第一歩は自分の立ち位置を客観的に見る習慣だ。

自分を客観的に見る一番簡単な方法は、指を自分に向けて、こう自問するだけ。

「ところで自分はどうなんだ?」
「自分は同じことをできるだけの実力があるのか?」
「自分にそんなことを言う資格があるのか?」
「自分はそれだけ努力をしているのか?」
「自分がその立場に置かれたらできるのか?」

単純ではあるが、これほど効果が高い自戒の方法はない。

会社の同僚と飲みに行ったら上司の話題が酒の肴になることは、男の飲み会ならある程度、仕方がない話だ。しかしそのときに、

「今回のあの課長の対応って何?　全然わかってないよね」

といった、明らかな上から目線の批判はダサすぎる。

その場に後輩がいたとしても、

「さすが先輩。おっしゃる通りです。その目線、超かっこいいっすね」

とはならない。お世辞ではそう言うかもしれないが、内心では、

「おまえもわかってないだろ」

と思っているかもしれない。

いい男であれば、そもそも陰口や噂話自体をできるだけ避けるが、どうしても抜けられない場面で、話題がそこに行ってしまったらこうやって切り返すだろう。

「俺が課長の立場だったら、あんな対応すらできないかも。がんばろうっと」

こんな立ち回りがさらっとできる男がいたら、なんだかその場にとても涼やかな風が吹きそうな気がしてならない。

周りにさりげなく気づきを与える男。

無駄な批判をしない男。

こんな男の周りには人が集まる。ゆえにその男は、本人が望もうが望むまいが、絶対に上へ上へと押し上げられる。

いい男は自分を上から客観的に見ることができる「鳥の目」を持っている。

HERO'S THEORY 26

男としてのマイルールを持っているか？

いい男の共通点として、「決断が早い」というものが挙げられる。

チャンスが巡ってきたときはすぐに動けるし、目先の欲というトラップも瞬時に見抜くし、トラブルが起きたらすぐに対処法を考え指示ができる。ありがたいことに、僕はそんな男をたくさん見てきた。

ここでいう決断の早さというのは、思考の部分を野性的な勘に任せて、あとは腹をくくるという大胆さを意味するわけではない。サイコロを振るように物事を決めるのは、ただの無謀な男だ。

いい男は経験がつくる。

仮に「直感型」に見える男がいたとしても、そういう男はたいてい経験値が高く、経験則にのっとって答えを即座に出している。ただそのスピードがあまりに速いので、周りから見たら、勘で決めているように見えるだけだ。

では普通の人が決断を早めるにはどうしたらいいだろうか。これに欠かせない軸は2つあると思う。

まずは自分の判断基準や行動原則に一貫性を持つことだ。マイルールとでも言おうか。

たとえば仕事のオファーを受けるとき、「最低これ以上のギャラで、スケジュールが空いていれば基本的に早いもの勝ち順で仕事を受ける」という自分なりのルールをつくっていれば、迷いようがない。

もしくはスタッフの昇格で毎回迷うようなら、「役員会で3分の2以上の賛成があれば昇格させる」という内部規則をつくってしまうのも、一種のマイルールだ。

そこまで具体的にしなくても「世の中に役に立たない仕事は受けない」といった、抽象的な自分の信念に素直に従うことでもいい。

信念とは自分の判断基準そのもの。それが明確だと、自分も楽だし、周囲もあなたのことを信用してくれる。

もうひとつの軸は、あらゆるケースを想定して日頃からシミュレーションを行い、実際に準備をしておくこと。

消防士や自衛隊員が有事の際にあれだけ効率的に災害救助で動けるのは、訓練の賜物だ。それと同じように、仕事でも人間関係でも、いい男は広い視野と深い思慮で物事を捉えているから、たいていのことは「想定内」になる。

しかもいい男に限って人前では飄々と振舞うことが多いので、実は人一倍、思考作業をしていることが周囲には理解しにくい。

「なんでこの人はこんなに頭の回転が速いのか?」

と不思議がられるが、実際には人知れず備えをしているだけだ。だから不思議なカリスマ性を持っているように見える。

では「想定外」のことが起きて悩んだらどうするのか。
ここは選択肢が分かれるかもしれないが、その場合は、「迷ったら行かない」ということを判断基準にしておけばいいのだ。そこを決めておけば、迷い続けることはない。

いい男はマイルールを持ち、それに準じてあり方を決める。
だから決断が早いのだ。

HERO'S THEORY

27

男なら、仲間と誓った秘密基地の場所は絶対にバラすな。

子供のころ、友達から近所の人にまつわる、とっておきの噂話を聞いたことがあった。田舎版ゴシップだ。

きっと父も面白がるだろうと思って家に帰ってそのことを話したことがある。

「父ちゃん、ここだけの話なんだけど、あの人さあ……」

そう言った瞬間、父が僕の話を止めた。

「茂久、何の話かは知らないけど、男ならここだけの話は絶対にするな！」

突然大声をあげた父に母も、たいそう驚いた様子だったが、父は構わず続けた。

「よく覚えとけ。ここだけの話なんてものは絶対にないんだ。口の軽いのは男の中で一番格下だ」

振り返ると、僕もなかなかいい「男教育」を受けていたものだと父に感謝したくなる。

秘密を守る。

たとえ話したくなっても我慢する。

あまりに定番すぎるが、いい男論を語る上でこれは絶対に外せない。

男の世界で口の軽い男は最低ランクの評価を受ける。

羽目を外して、仲間と遊んだよからぬ話を、さも武勇伝を語るように、共通の知り合いの女性に話したり、情報屋気取りで会社の内部事情を社外にペラペラしゃべったり、人から聞いた噂話を嬉々としてするような男が「いやぁ、あいつはいい男だね」と評価されることはまずない。口が硬いことは美徳だと、誰もが理屈ではわかっている。あとはそれをどれだけ徹底できるかが男の格の違いだ。

「これくらいならいいだろう」

「この人だったらいいだろう」

と少しずつ自分の軽さを言い訳する男は、最終的には男として、何よりも大切な、人からの信用というものを失っていく。

口を開けば秘密が出てくる男の周りには、ゴシップ好きな人は集まるかもしれないが、そんな男が信用されることはまずない。もちろん集まって楽しく聞いている男も同じレベルだ。

子供のとき、クラスに何人かいたと思う。仲間と作った秘密基地を周りにバラしたり、ささいないたずらを、わざわざ先生に告げ口するような男が。

彼らのなかでは正義を果たしたつもりなのだろうが、残念ながら、こういうタイプは、男の世界からはやがて外される。

もちろんそういうタイプの男は、えてして世渡りがうまいので、社会に出てもそこそこのポジションくらいまで行くことはある。しかし結局、そんな男を最後の最後まで大成させるほど世間は甘くはない。

情報を扱う強い会社、業績のいい会社は、必ずと言っていいほど、守秘義務を徹底させている。会社には、いろんなお客様が来て、いろんな話が耳に勝手に入ってくる。だからといってその情報をペラペラとしゃべるようでは、組織の評価を落とすのはもちろん、そこで働く人たちのためにもならない。そもそもそんなかっこ悪い男と仕事をする気になど、まともな人はなれない。

秘密を守ることは人として最低限の義務だ。

いい男は、いくら飲んで酔っぱらっていても、いくらその場が盛り上がっていても、これだけは言わないという、「開かずの金庫」を必ず持っている。

「言うな」と言われたら言わない。

秘密を守る自信がないから聞かない、関わらない。

いい男の口の扉は天の岩戸より硬い。

HERO'S THEORY

28

いいか。自分の話ばっかりするなよ。人に華を持たせることを忘れるんじゃないぞ。

最近行った居酒屋のトイレに、こんな言葉が貼られていた。

「武勇伝、自分で語るは残念賞」

誰が書いたか知らないが、思わず笑ってしまった。

僕も居酒屋を経営しているのでよくわかるが、カウンターに面した厨房内は、お客様の話す内容がよく聞こえる。当然聞いているスタッフもいる。無駄に人に安く見られないよう、男として気をつけたいものだ。

もちろん武勇伝なり自慢できることがまったくない男は情けない。しかし、自分でそれを語るとジェットコースターのように、一気にその価値が落ちる。あくまでそれは人が語るからかっこいいのだ。

いい男はその真逆の道をいく。

自分のことは必要以上に語らず、その代わりに人に華を持たせる。しかもそれを自然とできる。

そのことをいつも感じるのが、人の講演やスピーチなどのときだ。

マイクを握ったら最後、終始、自慢話を続ける著名人がときどきいる。ファンからすればうれしいかもしれないが、ファンではない人からすれば「人のステージで、自分の自慢をしにきたの?」と思われるのがオチだ。

いい男はこういうとき、自分のダメだった話はどんどんするが、自慢話は最低限に抑える。その代わり、自分を育ててくれた人やお世話になった人の話を積極的にする。

そうすることでささやかな恩返しになるし、聞いている人にとっても、どんな教えを参考にこの人が変わっていったのか、という話のほうが、断然応用が利くからだ。

そもそも自分の失敗談を通して人に気づきと笑いを与えることができる男に、大きな器と愛を人は感じる。

先日、講演講師を育てる専門家の方が、セミナーでこう言っていた。

「いいですか。今後、あなたがたが人前に立つような立場になったとき、誰のおかげでその場があるのか絶対に忘れないでください。一言でもいい。必ず感謝を伝えてください」

その通りだと思った。天狗にならずに、常に謙虚さと感謝の気持ちを持つ。

これこそ、いい男の王道だ。

講演やスピーチに限った話ではない。

たとえば会社でいい仕事をして、社長賞をもらったとしよう。

いい男はそのとき「今回うまくいったのは僕が悩んでいたときに的確にアドバイスをくれた課長のおかげです」とか、「至らない僕を支えてくれたチームメンバーのおかげです」と言える。

ダメな男は「ぶっちゃけ今回は取れると思っていました。来年も取りますので見てください」と、典型的な調子の乗り方をしてしまう。

これがまだ20代だったら「かわいいやつだな」で済む。しかし、中年のおじさんでこれをしたらだいぶ痛い。手柄の独り占めは、人が離れていく。

どんなことでもいい。人に華を持たせる話をしてみてほしい。

人をティーアップすると、聞いている人は、必ずあなたのファンになる。やがてその人たちが、あなたのティーアップを自然としてくれるようになる。

与えたものは返ってくる。それがこの世のルールだ。

いい男はどんな立場にたっても、人に華を持たせることを忘れない。

HERO'S THEORY 29

借りは早目に返しとけよ。

男同士の付き合いで、その男の「あり方」がよく現れるひとつのバロメーターになるのは、金払いの瞬間だろう。

若いときは、みんなもれなく貧乏なのであまり意識しないが、30代、40代になると「男気は金払いに現れる」と言い切っていいくらい重要なポイントになってくる。

勘違いされないように先にお伝えするが、何も金を持っている男がいい男だというつもりは一切ないし、極端に無理をして金を払った人間がいい男というわけでもない。

唯一の判断基準は、セコいかセコくないかしかない。こう書くと、つくづく男の論理のシンプルさに惚れ惚れする。

巷で言われるよくありがちな「ダメな男の烙印を押されがちな人」をネットで調べたので挙げてみることにする。

・年下を相手に「いつも」割り勘をする男
・誰かがおごってくれそうな雰囲気があったからといって、財布すら出さない男
・割り勘の端数をケチろうとする男
・足りない分を友人に立て替えてもらって、完全に忘れる男
・「俺がまとめて払っておくよ」と言って、クレジットカードでマイルを貯める男
・「他に領収書欲しい人いる？」と聞くことなく、全額の領収書を財布にしまう男
・「じゃあ次回は僕がおごります」と言って、飲み会をセッティングしない男

これが「ダメな男」かどうかは賛否が分かれるかもしれない。しかし、「ダメな

烙印を押されがち」と言われるとうなずける。

お金の使い方の根底にあるべき考え方として、「借りをつくったら返す」という視点がある。

たとえば上司に誘われたら、さすがにおごってもらう展開になるだろうし、「じゃあ次回は僕が持ちます」とも言えない。

しかし問題はここからだ。「上司が部下におごるのはあたりまえ」と感謝の言葉の一言もない男は問題外として、ここで「だってお返しできないから」と幼稚な自己弁護をして、「借りっぱなし」の状態を放置する人は、自分の男を下げてしまう。

気の利く部下なら、おごってもらった翌日に、「昨日のお礼に何か仕事を手伝わせていただけませんか?」とさりげなく聞いたり、もしくは上司の家族の誕生日にサプライズのプレゼントを用意するといった、別の形での「お返し」ができる。方法などは考えれば無限大だ。

若かろうが、年を取っていようが、借りをしっかりと返す男はやはり好かれる。

ただ、そこまでいかなくても、最低限、プラマイゼロからちょっとオーバーするく

らいの気持ちがないと、いい男にはなれない。

せっかく他のことでは男気はあるのに、お金だけルーズという理由で周囲の男たちの評価を失ってしまうのはもったいない。

無茶はしなくていいが、「ちょっとの背伸び」くらいは男にとって大事なことだ。

いい男は借りを嫌う。

借りっぱなしの窮屈さからいち早く抜け出そうとする。

HERO'S THEORY

30

人間関係は初期設定が9割だよ。

冒頭にも書いたが、男同士というものは、言葉にしなくても無意識のうちに相手を値踏みし、その上で、接し方を変えていく生き物だ。これは狩りをしていた原始時代からDNAに刻まれた歴史がつくった、悲しい性なのかもしれない。

もちろん万人に分け隔てなく接することが理想であることは間違いないし、誰でもできる限りはそうしたいと思っているはず。とはいえど、現実はそんなに理屈どおりにはいかない。どうしても相手のポジション、実績、あり方、そして器、男はどうしてもそういった要素に左右されてしまう生き物だ。

そしていったん相手を値踏み、格付けしてしまうと、長い付き合いや深い付き合いを経ない限り、その第一印象は簡単には変わるものではない。それくらい初対面のときに相手に与えるインパクトは大きいものだ。

いい男は人間関係の初期設定で手を抜くことはない。

リーダー格を目指して組織に飛び込むなら、多少生意気だと思われたとしても、はっきりとものを言い、存在感を出すし、謙虚に学ばせてもらいたいならヘラヘラした喋り方をしないように気を配るし、自分の力を認めてもらいたいなら必要以上に下手に出ない。

僕の仲間で赤塚智高という男がいる。

人財育成事業部の創業期から、僕のマネジメントディレクターとして、ずっと僕と二人三脚で歩いてきた、青木一弘というスタッフと並んで、現在、うちのプロジェクトチームで「赤青コンビ」と呼ばれるくらい存在感を現してくれている。

僕は彼のことを「トミー」と呼んでいるので、ここでもそう書かせていただく。

トミーという男のことを本格的に知ったのは昨年の秋のことだ。厳密に言えば僕の主催するイベントなどに何度か参加してくれていたので、顔と名前は知っていたし、挨拶もしていたが、特に深く話し込んだことがなかった。

昨年の秋、共通の知人の結婚式に参加した後、たまたまそのホテルの前でトミーと鉢合わせたことをきっかけに、そのままご飯を食べに行くことになった。

まあ驚いた。僕のプロジェクトに欲しかった施策が、出てくる出てくる。

「すごいね。これずっと考えていたの？」

「はい。今年の頭から」

「もっと早く提案してくれればよかったのに」

「イベントでしげにいがたくさんの人に囲まれているときに、近くに行くのもどうかと思って。対面でしっかりと話せる、こんなタイミングを待ってました」

聞けば1年くらい前から、いつか僕と仕事をすると決めてくれていたそうだ。しかし、軽々しくファンとしてアプローチして、中途半端に自分の考えを披露したとしても、話は半分も伝わらないだろうから、こういうタイミングがくるまであえて僕のところに話しかけにこなかったという。

トミーの男としてのあり方に、僕は完全にやられた。平たく言えば惚れたのだ。

結局、こっちから頭を下げて彼にプロジェクトメンバーになってもらった。そしていま、トミーと一弘の両軸の活躍で、今年になって僕のプロジェクトは加速的に動きはじめた。

いまこの原稿を書いているのは冬だ。もう少しで新たな出会いが増える春がくる。

環境が変わるときは男として生まれ変わるチャンスのときでもある。自分の心のなかにある「どんな男でありたいか」を今一度考えてみて、新しい出会いに向けての初期設定を考えてみてはどうだろうか。

相手と対等に向き合いたいなら自分を安売りするのはやめよう。初期設定をしくじって、相手に軽く見られるのも癪じゃないか。

我慢してでも面と向かえるときを待ちながら、自分がその相手のいるポジションまで登っていけばいいんだ。

いい男は「誰と出会うか」より「どう出会うか」にこだわる。

HERO's THEORY

第5章

いい男の夢論

実際にどう生きたかということは、
大した問題ではないのです。
大切なのは、
どんな人生を夢見たかということだけ。
なぜって、夢は、
その人が死んだ後も生き続けるのですから。
ココ・シャネル（フランスのデザイナー）

HERO'S THEORY

31

夢は未来を変えるためにあるって？
そりゃ違う。
今の自分を変えるためにあるんだよ。

夢、志、ゴール、目標。せっかく何かを追うなら、対象は可能な限り大きいほうがいい。それを人に言うかは別として、いい男の目線はいつも、人より、はるか上を見ているものだ。

自分の限界をつくるのは、自分自身の心だ。

もしあなたが、「積み重ねてきた実績や経験でしか人は成長できない」と考えれば、その範囲でしか、自分に対して自信を持つことができないということになる。

もちろん地道な努力は絶対に大事だ。

しかし、その方法でもなお閉塞感に包まれているのであれば、どでかいゴールを立てて自分の常識を取っ払ってみる大胆さもときに必要になる。

ゴールを立てると必然的に実現の方法を考えるようになる。いくら遠そうな目標であっても、逆算していけばやり方は思いつくはずだし、どうしてもわからないならやり方を知っていそうな人に聞いてもいい。

もちろん最終的にその目標が叶うかどうかは、やってみないとわからない。能力的な限界に直面するかもしれないし、運が味方してくれないときもあるかもしれない。

しかし、せっかく目標を立てるときに、できなかったときのことばかり気にしてどうする。それに壮大なゴールの実現に向かって真剣に考え、行動にうつせば、少なくともゴールを持たずにいたときより、はるかに前進できるということだけは保証できる。

よく「夢は未来を変えるため」と言われる。しかし、僕は「夢はいまの自分を変えるためにある」と信じている。

未来とはいまを変えていった結果にすぎない。

たどり着きたいゴールが見えたとき、人は今の行動を変えはじめる。だから「いまを変える」ためにゴールを設定するのだ。

同じ日常の繰り返しでは、人は衰退していく。

しかし、目標を立ててそこに歩き出すことで、たくさんの困難、学び、試練がやってくる。そこを乗り越えるたびに、男の経験値がどんどん増していく。いままで自分のなかで常識だと思っていたことが、めまぐるしく変わっていく。それが男として成熟していくということだ。


いい男は自分の経験を通して、人が目標を持つことの効用を存分に知っているので、若い人が夢を語り出したら「おまえならできる！」と積極的に励ましたり、具体的方法を教えることができる。

「世の中、そんなに甘くないよ。具体的にどうするんだ」

などといった悲観論はなるべく口にしない。こういった悲観論を言うのは自分が大きな目標を持ったことがない大人たちと相場が決まっている。あなたはそんな人の言うことなど聞かなくていい。

なんだかんだいって人が成功する、もしくは成長するために一番シンプルで、一番効果的な方法は、いち早く自分のゴール見つけ、そこに向けしっかりとした一歩を踏み出すことだ。

いい男はみな、そうすることが一番の早道だということを知っている。

HERO'S THEORY
32

人の夢を笑うな。人に夢を笑わせるな。

何か叶えたい夢を持ったとき、あなたはどう振る舞うだろうか。

世間の定石としては、「さっさと夢を公言して味方を募れ」ということになるだろう。

一理はあるが、夢を持ちはじめてすぐにこの方法を選択することは、あまりに性善説に寄りすぎている気がする。

同じ志を持った人であればあなたの味方になってくれるだろう。

また、社会でそれなりの実績を残した人や、いま叶えようとしている夢をすでに実現した先輩たちも、応援してくれるかもしれない。

もちろん、あなたの親友たちも、直接的に手助けしてくれるかはともかくとして、きっと精神面で大きな支えとなってくれるはずだ。

だから、こういう人たちにはさっさと自分のビジョンを語ったほうがいい。

しかし、厄介なのがそれ以外の人たちだ。

どこに行っても、どんな時代でも、人の夢を壊し続けることが、自分の中での正義や常識になってしまっているようなドリームキラーは必ずいる。

人生経験を積んだ男はその存在を十分理解している。

一般的に、もっとも身近なドリームキラーになりやすい存在は両親だろう。

特に母親は腹を痛めて産んだ我が子の安全こそを、何よりも優先する。だからもし、子供が歩もうとしている道がいばらの道のように見えたら、現実論と悲観論の波状攻撃を浴びせてくる。

本人も悪気があるわけではないので、議論になると結構面倒くさい。しかし、その手間を乗り切れば、母は最高の援軍となってくれるはずだ。

問題なのが自分と近からず遠からずの人たち。その中にドリームキラーに化ける可能性を持った人がいると思ったほうがいい。

とくにあなたの夢が大きければ大きいほど、彼らの脳内では想像がつかないので「そんなの無理だ」「やめておけ」と、あなたの足を引っ張りにくる。

社会の荒波に揉まれた経験の少ない人にこのタイプが多い。

もちろん、ちょっと否定的なことを言われて揺らいでしまうような夢ならもともと本気ではないのかもしれない。

ただ、揺らがないとしても毎回、反論と説得をするのもいちいち骨が折れる。実現することより、納得させることにエネルギーを使っていては、何のための夢なのかわからない。

だから夢を公言するタイミングは、見極めが肝心になるのだ。

夢を実現する過程を木の成長に例えるなら、種蒔きからはじまり、徐々に根が張って、ようやく芽が出る。しかし、これではまだ早い。木が大木になり、どんな強風が吹いても耐えられるようになってはじめて公言するのがベストなタイミングだ。

ようは最悪、「自分一人でもなんとかなるな」と覚悟できるところまでもっていくことができたとき、はじめて公表し、仲間を一気に集めてしまえばいいのだ。

すでに大木に育ち、びくともしなくなった夢であれば、勝手に賛同者が集まってくる。無駄に焦って、木がまだまだ未熟なときにおおっぴらに夢をシェアしたり、大声で発表してしまって、ドリームキラーたちに潰されてしまうのももったいないではないか。

いい男は、本当に大事な夢を気安く語ることはない。

人のいい面だけでなく、嫉妬や羨望といった恐ろしい面もしっかりと理解している。だから夢を大切に自分の中で育てるのだ。

HERO'S THEORY

33

その夢の向こうには何人の笑顔が見えてる?

先ほど来、何気なく「夢」という言葉を使っているが、これは人生の大きなテーマになる部分なので、もう少し掘り下げたいと思う。

日本語の「夢」の語源は「寝目(いめ)」だと言われている。

つまり、寝ている間に見る「夢」のことだ。

それが「未来の願望」といった「夢」の意味も持つようになったのは実は戦後の話。

しかも夢の内容も、「人の役に立つ人になる」といった種類の夢は時代遅れとされ、「自分オンリーの未来を実現させるためのもの」に変わっていった。

ではそれ以前に日本で「未来の願望」を意味する言葉はなんだったかというと、「志」だ。

現代の夢のメインは、個人の幸せがベースにある私的なもの。すなわち、フォーミーな目標。

戦前までの日本の夢のメインは、全体の幸せがベースにある公的なもの。すなわち、フォーユーな目標。

ことわっておくが、「南の島に住みたい！」という個人の夢があってもいい。南の島に住みながら世の中のためになることをしっかりとやれるのであれば。「資産100億円を目指す！」という夢があってもいい。それをもとに奨学金をつくりたいといった志があるのであれば。

ただひたすらに夢を追求しても、その夢に、叶えた後の志の部分が見えない時点で男としては残念賞だ。若い頃ならまだしも、ある一定の夢を実現してなお、変わらずに自分個人だけの夢を追い求める男を、人は理屈抜きで嫌う。

戦前、戦中の日本が、極端なフォーユーにシフトしすぎたことは確かに否めないが、戦後、「個人の夢型価値観」の行き過ぎた流入によって、一気に解放された日本人のフォーミー感情は、世代が若くなるたびにその度合いを増してきていることも事実だ。これは当人たちのせいではない。彼らが幼少期を過ごしたその環境をつくった僕たち大人たちがすべての原因だ。

最近、「好きなことだけをやればいい」という世論が目立つ。本当にそんなことができれば万々歳だが、残念ながら世の中そんなに都合よく回ってくれはしない。

一人の成人した男として社会に出たときに、「自分は好きなことだけしかやりません」と主張をしたら、いきなり子供のレッテルを貼られるだけだ。

それでも運良く好きなことができた場合はラッキーだ。

しかし、じゃあ土台の部分は？　嫌なことは誰がするんだ？

誰かが楽しいことをやるその陰には、誰もやりたがらないことを黙ってやり続けている人が存在する、ということを忘れてはならない。

僕は個人の夢を否定するつもりはない。誰でも若いころは多かれ少なかれ、「ビッグになりたい」という野望を持っているものだし、現状を変えたいときには、そういった個人的な動機であっても立派な推進力として機能する。
それにいきなり若い人にフォーユー精神だけを持て、というのも難しい話だろう。それこそガンジーやダライ・ラマの世界。その方々はたしかにいい男かもしれないが、大半の男にとって煩悩を捨てさり、解脱する境地など、たどり着けるものではない。それこそ絵空事や理想論で片付けられてしまう。

よって大事なことはバランスなのだが、実現可能なラインの理想を言えば、自分の夢と志がドッキングしている状態が一番いい。

いい男はまずはじめに、普通の人がやりたがらないことを、普通の人の常識をはるかに超える速さでクリアする。そして自分の本当にやりたいことをできるポジションを最短で手に入れる。その後、夢の力を原動力にして、人生を自分の思い通りにクリエイトしていくのだ。

いい男は、社会に出たての男には、何でも許してくれないことをちゃんと知っている。

HERO'S THEORY

34

手に入れたいものがある？ そうか。じゃあ本当に欲しけりゃ自分から取りに行けよ。ボケっと待ってても、向こうからは永遠にこないぞ。

共通して、いい男には、独特の行動力がある。言い方を変えれば、「自ら仕掛ける力」だ。

欲しいものや変えたいこと、主導権を握りたいことがあったとき、座して待つのではなく、それを実現するためにリスクに飛び込める男は、やはりひときわ輝いている。また、そうやって仕掛けてきたからこそ、その人のいまがあるとも言える。

そういう男に対して、周りは「すごい行動力ですよね」と言う。しかし本人からすれば「行動力を持とう」なんて一度も意識したことがないはずだ。

欲しいと思うから自らつかみ取りにいく。必要だと思うからやる。

そこに小難しい理屈などない。

僕は、昭和型の厳しい父にガチガチに縛られ、その状況をいかに脱するかばかり考えながら育った影響なのか、物心ついたときから自ら行動を起こすタイプだった。行動を起こすというとてもかっこよく聞こえるが、僕の場合は、その行動力がおかしな方向に出た。振り返ると恥ずかしいことばかりだ。

何回フられてもあの手この手を考えて、同じ女の子に告白する。

仲間の喧嘩には先頭を切って首を突っ込む。

「よけいなこと」ばかりして、クラスで先生のスケープゴートになる。

そんなタイプの子供だった。ただ、そのおかげで、自ら仕掛けて手に入った時の喜びもたくさん感じることができた。その喜びの快感を知っているからこそ、周囲の男が自ら仕掛けていかない姿を見ると、残念というか、不思議でならない。

仕掛けるときに必要なのは昔から変わらぬ狩猟本能だけ。原始時代で言えば、気長に待っていれば目の前でマンモスが心臓発作で死ぬなんてこと絶対に起きない。

その前に自分が死んでしまう。

仕掛けられない人はいったい何を恐れているのか。

プライドが傷つくことだろうか？

怒られることだろうか？

目立つことだろうか？

手間が増えることだろうか？

いずれの動機も得られる喜びと比べると軽いもののはず。

せっかく狩猟本能を備え、またそれを肯定される側である男という生き物して生まれてきたのに、行動しないのはあまりにも、もったいない。

もしかすると、なかなか動けない人は、結局のところ、大して必要性を感じていないのかもしれない。

仕事で言われたことを最低限していれば毎月給料は入る。彼女がいなくても他の手段で心を満たすことができる。そういった意味では世の中が便利になりすぎて、狩猟本能が育ちにくい時代ではある。

悲しいかな、何もせずに、ただ歳だけを取っていくと、男の行動力や仕掛ける力は、どんどん錆びついてしまう。使っていない筋肉が衰えてしまうように。そうなると、最終的には人から理不尽な命令をされるか、時代に流されるかしかできない男になってしまう。

ということは、結局、目的論に戻ってしまうのだが、悪循環を突破するにはなんでもいいので夢や目標を持つことしかない。

仕掛ける力を失うということは、失敗もないが、同時に手に入るものもなくなるということだ。

せっかく男として生まれてきたんだ。欲しいものがあれば、まずは一歩を踏み出してみればいい。脇目も振らず、そこに向かえばいい。方法なんて走りながら考えればいいんだ。

いい男は、常に行動を起こせるフットワークのいい脚力を持っている。

HERO'S THEORY

35

若いうちからあんまり小さくまとまんなよ。

僕の経営する（株）人財育成ＪＡＰＡＮは、飲食店経営の他に、人財のブランディングにも力を入れている。

出版や講演といった形で世に出たい人がいれば、僕たちが芸能プロダクションのようにその人を総合プロデュースして、個人のブランドを高めるお手伝いをする仕事だ。

この仕事をはじめてすぐに気づいて驚いたのが、自分のことを過小評価する人があまりにも多いということだった。

そもそも集まってくる人たちは、自ら「世に出たい」というくらいなのだからそれなりに意識も意欲も高い人たちだ。

自信過剰で過大評価する人材に対して、僕たちが現実を知らしめてなだめる、という構図ならまだわかる。しかし、そんなことほとんどなく、実際は逆のパターンが多い。

自己を過小評価する人がきたときに、僕たちがはじめにすべきことはただひとつ。それはまずその人自身のセルフイメージを上げてもらうこと。対外的なブランディングは、それが終わってから考えることだ。

僕がブランディングを担当した、とある経営コンサルタントの男性がいる。

その彼を売り出すために僕たちは講演を企画した。

はじめてだったので、聴講料は一人3000円に設定。

すると本人は「いやいやいや。申し訳ないので500円でいいです」と言い出す始末。それでは会場費も賄えない。

これはよくあるケースだ。一度も講演をしたことがないと弱気になってしまうのも仕方ないのかもしれない。

ということで、価格設定は僕たちがすべて主導権を取り、彼の講演を何回もこなした。講演の中身がブラシュアップされていく過程の中で、僕たちは聴講料もどんどんあげていった。

すると最終的にはそのコンサルタント、

「え、今回の設定単価は1万円ですか? 安くないですか?」

と言えるまでになった。このセリフが出たということは、彼の仕事に対するセルフイメージの変革が成功した証だ。

彼のように、個人でセルフイメージを上げるにはどうしたらいいか。自信がないのに、自信を持てというのもなかなか難しい。

そんなときに有効なのは「ハッタリ」だ。

この本はどちらかというと正々堂々論に重きを置いて書いているので、こんなことを言うと意外に思われるかもしれないが、自信をつけるための最初の一歩として「ハッタリ」を使うのは、セルフイメージを上げる上ではかなり効果的だ。

「部長、それくらいならば僕一人でできますので、任せてください」

と勇気を絞ってハッタリをかまして自分のハードルを上げ、意識的に自分を極限まで追い込み、それを乗り越えることで「本当にできちゃった」と自信がつく。自分に自信がつくときなんて、案外そんなもんだ。もしそこで「自分には無理です」と簡単な仕事に逃げてばかりいたら、いつまでも成長しないし、自信がつかない。

そもそも自分に自信が持てない人生ほど辛いものはないじゃないか。大きく生きるも一生。小さく生きるも同じ一生だ。

自信過剰になってしまってはいつか痛い目にあうが、それでも若いなら、失敗ばかりを恐れて何も踏み出さない生き方よりはよっぽどマシだ。

ハッタリで自分にエンジンをかけ、調子に乗りすぎたところで鼻をへし折られるくらいの経験を何度かしたほうが、男としての幅も生まれるというものだ。

いい男は一度や二度は、人生をかけたハッタリで自分を追い込んだ過去を必ず持っている。

HERO's THEORY

第6章

いい男の本質論

プリンシプルを持って生きれば、
人生に迷うことはない。

白洲次郎（実業家）

HERO'S THEORY

36

常識ってあくまで大多数が言ってること。必ずしも、それが全部正しいわけってじゃない。

あなたの職場に「あの上司に相談をするといつも思いがけない助言がもらえる」という人はいないだろうか。

もしくは近くにいる友達で、自分の常識の枠をいつもぶっ壊してくれる一風変わった男はいないだろうか。

たとえば先ほど触れたモテ髪師大悟。彼は既存の「美容師とはこうあるべき」という枠を飛び出て、「恋愛コーチング」という付加価値をつけたサービスを考え出した。それはすぐさま口コミで広がり、その噂の書き込みが、『人生のパイセンＴＶ』

という人気番組のディレクターの目に止まり、テレビ出演を経て大ブレイク。いまでは予約を取ろうにも5000件分入る留守電がいっぱいの状態が続いているそうだ。

一人の美容師のカットを待つ人の数が5000人強。美容業界の中では天文学的数字だ。世の女性にとって、「綺麗になりたい」と「モテたい」という願望は限りなくワンセットに近いわけだから、評論家気質の同業者の人の中には「恋愛部分をつついて接客すれば、うまくいってあたりまえだよ」とか、「あのやり方は王道ではない」と言うかもしれない。しかし事実、それを提案し実践し続けた男は、美容業界に一人もいなかった。

もちろんそんなことを考えた人はいたかもしれない。しかし、実際、いままでそういったサービスがなかったというのは、それだけ美容業界が、それぞれの慣習に囚われて、女性の中にある莫大なニーズに気づかなかったということになる。まさにコロンブスの卵を大悟は見つけたのだ。

こうして大悟のように、少しだけ柔軟に視点をズラし、慣習を疑ってかかると、競合のいないブルーオーシャンが見えてくることがある。

手前味噌になるが、僕もこの視点をずらすという作業はうまくいったほうかもしれない。飲食店という業種は過酷な一面を持っている。その一番大きな原因として、開業の投資が高すぎるというデメリットがある。1店舗開業するのに大きな店なら軽く2、3000万円はかかる。にもかかわらず運悪く、最初のお店を失敗してしまうと、どうやっても首が回らなくなる効率の悪い業界だ。それなのに業界の慣習というのは当時、「店舗展開をしてなんぼ！」だという空気が漂っていた。それでは絶えずリスクを背負うことになってしまう。

もともと僕がたこ焼きの行商をやめて飲食店をはじめたのも、周りのスタッフの労働環境を守ることだったから、その業界の慣習があまり理解できなかったということも、他の業種に目を向けることができた原因かもしれない。もしあのとき、「飲食店経営とはかくあるべし」というしがらみに囚われていたら、僕は出版や講演の世界に入ることなど永遠になかっただろう。

「みんなを笑顔にする」「フォーユー精神を広める」「一流の人財を育てる」

そのコンセプトなら、何もそれは飲食店だけじゃなくてもできる。よくよく考えると、「飲食店経営者が本を書いたらダメ」というルールなど、どこにもない。だから書いたらまぐれでうまくいった。冷静に考えればそのような道を選ぶ人が他にいなかっただけ。別に僕たちがものすごいことを成し遂げたわけでもなんでもない。大悟も僕も一番乗りだっただけだ。いずれにせよラッキーだった。

「おたがい、あまり慣習にこだわらないいい加減な性格でよかったね」と大悟と二人でいつも酒を飲みながらそんな話をする。

物事を考えるときに、誰よりも深く掘っていけることはもちろん大事だ。しかしそれだけだと、ときに視野が狭くなりすぎる恐れもある。思いがけない突破口や糸口が見えない課題の答えは、文字通り、頭の枠の外にある。だから意識をして視点をズラす習慣を身につければいい。

世の中にはまだまだ盲点やチャンスがたくさん転がっている。それをひとつでも多く見つけることができるよう、つねに柔軟でありたい。

HERO'S THEORY

37

素直って、誰に対しても「ハイ」ということじゃないんだよ。

聖徳太子の言った「和を以って貴しと為す」という有名な言葉がある。調和のとれた状態が最も尊いという意味だが、裏を返せばいつの時代も争いが絶えないから、こういう言葉が必要だったという側面もあることはいなめない。

平和であることは尊い。

しかしこれからどれだけ時間が経ったとしても、男の世界から争いがなくなることはない。自分に力がないと、強い男の風下に立たされることもある。

そういう意味で、「素直さ」というのは男にとって扱いに注意が必要だ。

「素直な男は伸びるし、可愛がられる」といったプラス面もあれば、逆に「素直すぎる男は社会の荒波には勝てない」とマイナス面もある。ではどっちが正解なのかといったら、どっちも正解。

それを見事に説明してくれたのが松下幸之助翁である。

松下翁は社員たちに対して「素直な心の10カ条」を説いた。そこでは「寛容であること」や「謙虚に人から教わること」なども取り上げる一方で、「物事の道理を知る」ということも説いている。

つまり、世の中にはいつの時代も変わらない原理原則がある。

そしてそれは往々にして人の醜い感情などを含む。その原則を無視して、ただ「ハイハイ」言っているだけでは半人前。世の大原則に素直になれば、諍いを起こさないためには自分が力をつけて、相手になめられないことも大切なのだ、ということを説いているのだ。

スイスに住んでいた僕の知り合いから、こんな話を聞いた話がある。

スイスはご存知の通り、ドイツ、フランス、イタリア、オーストリアというヨーロッパの古豪に挟まれながら、ＥＵに加盟せず、永世中立国を貫き通し、しかも世界有数の裕福な国である。

平和はタダであると思い込んでいる日本人たちからすれば、これこそが理想の国だと思うかもしれない。

しかし、スイスでは自給自足が基本なので、物価がめちゃくちゃ高い。

また、家を建てるときは核シェルターを設置することが法律で定められている。ハイジに出てきそうなのんびりした農村部の納屋が、実は鉄筋コンクリート製のトーチカ（野戦用の掩体壕）だったりする。

さらに、あたりまえのように国民皆兵制で、週末のスイスの電車は、地元に帰る若い兵士で溢れているという。

人口８３０万人に対し個人で所有している銃だけで２００万丁。家族の平均を４人と見積もって、一家に一丁は銃があるということだ。

自国の平和を実現するためには、これだけ徹底して力をつけないといけないということをこの数字が証明している。国民一人ひとりが、しっかりと責任に対する自覚を持っているからこそ、中立・独立が保たれているのだ。

普段はいたって静かだが、

「うちからよその国に仕掛けることは永久にありません。ですが、おたくらが、うちの国にちょっかいをかけてきたら、そのときは国民一丸となって、一戦やらせてもらいますよ」

と言っているのだ。

こんなスタンスを徹底している国を、なめてかかれる国はいない。

男の世界もこれと同じことがあてはまる。穏やかでも、しっかりと自分に芯を持ち、自立している男は人に騙されない。そんなやっかいな男を騙そうとするほうが、骨が折れるからだ。

いい男は一方的な性善説だけを信じない。

人間のマイナス面の原理原則に対しても素直になる。

HERO'S THEORY

38

相手の欲しいもの、本当に見えてるかい？

仕事ができれば必ずしもいい男、と言い切ることはできないが、いい男は必ず、関わったすべての人を幸せにするいい仕事をする、ということだけは言える。

ここではひとつ、上に立つ人が身につけるべき人心掌握のコツについて触れたいと思う。

部下やスタッフをやる気にさせる方法はいくつかある。

後述するが「競争の激しい環境」に身を置くこともそうだ。

ときには称賛を浴びさせたり、悔しい思いを部下にさせることも、いいスパイスになるだろう。

しかしそれだけではない。僕が見てきた優れたリーダーたちは、例外なく「得の配分」がうまい。「富」ではなく、「得」だ。

「富」であるお金の配分も大事だが、「得」となると範囲が広がるので、人によって何が欲しいのかは異なってくる。

いい男はそれをしっかり見抜いて、「富」と同様、限られた「得」を効率よく分け与え、部下たちの充足感を満たすことができる。

では具体的にその「得」とは何か。覚えておくととても役に立つ基準。それは大きく分けて3種類あるのでここで紹介する。


「親和」「影響」、そして「達成」だ。


「親和」とは、みんなと仲良くしたいとか、人脈を広げたいとか、共感されたいといった、周囲との調和に満ちた関係を築くこと。

「影響」とは、名声やカリスマ性、権限といった、周囲を動かすパワーのこと、

「達成」とはそれこそ金持ちになるとか、何かの分野で日本一になるといった、計

測可能な夢を実現すること。

これらの得は、人の性格によって何を重視するかは異なるし、「親和も欲しいが達成も欲しい」というように複数持つこともある。もしくはビジネスで大金を稼いでしまったので「達成」はもうお腹がいっぱいになり、反動で「親和」を求めるようになるといった、その人の社会的ポジションによって変わるケースもある。

こうした得の配分を意識せずに、ただ画一的に接してしまうと、本人のやる気の低下につながるだけではなく、リーダーとしての人望低下を招く可能性もある。

たとえば綺麗な洋服を欲しがる女性に1000万円する盆栽を渡すようなものだ。いくら高価だろうが、喜ばれはしない。

よってリーダーは、部下の欲する得を見極めないといけないわけだが、そうかといっていちいち部下に心理テストをさせるわけにもいかない。

ではどうすればいいのか？

実は方法はそんなに難しい話ではない。とにかく対話をして、相手の欲しいものを探すということだ。

「最近の人間関係の悩みって何？」

「3年後、年収いくら取れる自分になっていたい？」

「会社でこの人みたいになりたいっていう先輩とかいる？」

3つの得のどれだろうと意識しながらこのような質問をいくつかすれば、よほど人の心がわからない鈍感な男ではない限り、答えはかなり明確に見える。

「親和」「影響」、そして「達成」。

その人が持つ一番強い欲求を見つけ出したら、あとはそれを相手に渡すだけ。

いい男は相手の欲しいものをしっかりと捉える洞察力を持っている。

HERO'S THEORY 39

人間って本質的には変わってないんだろうな。じゃないと聖書や論語が2000年以上も読まれるはずがない。

書店の棚を見渡しても、自己啓発や自己実現の分野が盛んだ。コーナーもどんどん増えている。一般に自己啓発というといろんなイメージを持つ人がいるが、大きく言えば人間学とも呼べる分野だ。僕はこの分野は、これからさらに重要度を増してくると思っている。

さて、本題に入ろう。その分野は大きく分けて、マインド寄りとノウハウ寄りの2つに分類できる。

僕はどちらかというと、前者の「心のあり方」や「マインド論」が好きだ。この本を読んでくださるあなたは、すでにそのことはご理解いただけていると思う。

僕が細かいテクニック論をあまり書かないのには理由がある。

いくら小手先のテクニックを学んでも、根っこが腐っていたらいい花は絶対に咲かない。だからしっかりと根を張るための本質論のほうが、長い目で見たら役に立つと思っているからだ。

ではどうやって心のあり方を磨いていけばいいのか。

ひとつはどんどん人に会って、刺激を受け、経験値を上げていくことだろう。

しかしもうひとつ、それ以外に効果的な方法がある。

それは歴史を学ぶことだ。生き方を知れば、人のあり方は変わる。

人の本質はどんな時代も変わらない。ということは、過去に痛い目にあった人や美味しい思いをした人から学べることは多いということになる。

情報源は伝記でも歴史小説でも映画でもいい。もちろんテーマも、戦国時代でも幕末でも三国志でもなんでもいい。

歴史書はどうしても作品によって、スポットライトの当て方にムラがある。だから幅広く時代をかすめるより、同じテーマでいろんな文献を読んでいったほうが、その時代をより立体的に捉えることができる。

別に雑学王になる必要はないし、受験ではないのだから年号を覚える必要もない。人が歴史から学ぶときの基本姿勢はただひとつ。

人の心情を見抜くことだ。

時代や文化によって何を重んじるかといった価値観は多種多様だが、根っこにある思考回路は大して複雑ではないと僕は思っている。その物語の中で、人の本質に共通して見られる思考回路を見出すこと。それが僕たちが歴史から学ぶ唯一のポイントだ。人間の原理原則を知れば知るほど、物事を本質的に考え、行動でも応用が利くようになる。

人を知るには、人を観察する習慣を持てばいい。

毎日魚を見ていれば誰でも魚の目利きができるようになるのと同じで、日頃から人を観察しているかどうかで人を見抜く力を養うことができる。

職務質問のうまい警察官もそう、入国管理の担当職員もそう、日頃から意識の矛先を人にしっかり向けてさえいれば、ゆっくりと人の習性を見抜けるようになる。

だから歴史書を読むときも、

「なぜこの人は、このような行動をしたのか？」

「こんな局面で何を思ったのか？」

こうやって人の心情に思いを巡らせることがクセになると、結局のところ「やっぱり人間の本質って同じだよな」ということに気づく。

歴史から学ぶときだけではなく、自分の憧れている上司や師匠、もしくは兄貴分的な先輩に対しても、いい男はその先人たちの心根を知ろうとする。

格好を真似たり、行動を真似たりすることからはじめてみるのもいいが、その根底にある本質を見抜けなければ、いつまでもブレイクスルーは起きない。

いい男は歴史を知ることを通して、人の本質をよく理解している。

HERO's THEORY

第7章

いい男の覚悟論

男の一生は、
美しさをつくるためのものだ。
俺はそう信じている。

土方歳三（新撰組副長）

HERO'S THEORY

40

流されて生きるんだ？
それとも自分の意思で生きるんだ？

2016年、とある国民的アイドルグループの解散が世間を賑わした。一連の報道を通して浮き彫りになったのが、日本人のいじめの構図だ。自称「ファン」がいかにマスコミに振り回されたことか。マスコミが作り上げた「いい人 vs 悪い人」の構図は、最初に報道があってから徐々に逆転。それに呼応して自称「ファン」たちも見事に誘導された。

そしてそれはいまも繰り返されている。何が真実なのかは、もう誰も全くわからない状況に陥ってしまっている。なのに、いまでも毎日その情報が飛び交う。

しかし思う。どんなに周りの情報が変わろうが、一度誰かのファンになったら、そのアイドルがいい役だろうが悪役になろうが、流されずに味方でいるというのが、本当のファンのあり方ではないのか？

「え、あの人がそんなことをしたの？　信じられない」

「あの人がそんな人だったなんて。ショック」

じゃないだろ。

「自分はあの人を信じる。どんなに悪者扱いされても自分はファンだし味方だ」となぜ言えない？

いい男は、自分が歩む道を、自分の信念と考えに基づいて決める。

自分の立ち位置といったものを選ばないといけないときに「大多数が言っていることが正しい」という学級会民主主義的な思考回路を何の疑問もなく持つことは、男として未熟だ。

もちろん、「全員が右に行くから、自分は左に行く」という天邪鬼な発想も、自分の意思で選んでいないという点では幼稚な態度に含まれる。

自分で判断を下す能力や情報がない場合もある。

とりあえず後出しジャンケンでその場をしのいでおかないといけないケースもある。

ただ、そのときも「判断を下せない自分が情けない」という負い目を感じていないと、かなりマズい。いろんなヒール（悪役）たちは、そうした居直りから生まれるということを忘れてはいけない。

何の疑問も抱かずにそれを繰り返していると、いつのまにかすべてのことから逃げる癖がついてしまう。こうなると周囲からは「自分の軸を持っていない典型的な日和見男」としての評価しかされなくなる。これは男としては致命傷だ。


かつての忠臣蔵や土方歳三のように、根拠が薄かろうと、一度信じたらそれを貫く。一度味方になったら、その人がどんなに分が悪くなっても味方でいる。こんな男は絶対に信用される。

下した判断が大勢と同じであれば仲良くすればいいし、たとえ少数派であっても気にしない。信じたものが間違っていたって「責任を取るのは自分だ」と腹をくっているから何も怖くない。うん。潔くてかっこいい。

いい男は流されない。
自分の意思で道を開く。
だから信用されるし、本当の味方をつくることができるのだ。

HERO'S THEORY

41

信念に逆らった無様な勝ち様より、信念にそった綺麗な負け様。いつの時代も英雄は後者を選ぶ。

地元大分の先輩で僕が尊敬してやまない兄貴分的な存在で、自民党の衆議院議員になった穴見陽一先生がいる。年齢は40代なので、国会議員としてはかなり若い。しかし、若いからこそ、しがらみにとらわれず、常に日本の未来のこと、次世代のことを何よりも優先して考えることができる立場でもある。

この本は男論だ。政治の本ではない。ということで、この項目は政治のあり方ではなく、男としての穴見先生のあり方に注目して読んでいただきたい。

穴見先生が政治家としてはじめて立候補したのは、２００９年の衆議院議員選挙だった。民主党の候補との一騎打ちだった。とてもかわいがっていただいていたご縁で、選挙区は違ったが、ほんの少しお手伝いをさせてもらっていた。

ご存知の通り、いまの日本政府は赤字国債を発行しないと国の運営がままならない。とくに団塊の世代が高齢者になって社会保障費を賄う側から受け取る側に転じたことで、そのいびつな財政構造はさらに加速している。

その根本的な原因は、日本の税負担率の低さにある。増税反対論者が決まり文句でいう「まず無駄をなくせ」というロジックでカバーできるレベルではない。

そして赤字国債とは僕たちの子供が将来背負う借金のこと。それを止めるには消費税を上げて僕たち世代がその負担を分け合う必要がある。

穴見先生は選挙期間中、消費税増税の必要性を強く訴えかけた。先生の言うことは正しい。正論だ。

しかし、さすがにそれを強調すると、選挙では票が取れない。投票に行くのは高齢者ばかりだし、みんな自分のことが一番かわいいし、痛みを伴う増税など望まない。人は理屈ではなく、感情で動くものだから尚更だ。

ましてや当時は、国民にとって聴き触りのいい「公約」で世論を釣ろうとする民主党に、マスコミが乗っかる形で風が吹いていた。選挙中、僕は素直にいち応援者としての、自分の不安な思いを穴見先生にぶつけてみた。

「正論だけでは落ちるかもしれないですよ。はじめて出る選挙ならまずは当選することを優先したほうがいいんじゃないですか」と。

すると穴見先生はこう答えた。

「はじめて出る選挙だからこそ俺は自分の信念を曲げたくない。俺は大事なことを伝える政治家でありたい。いいか、茂久。俺の負け様をちゃんと見ておけ」

僕はそのとき生まれてはじめて、「負け様」という言葉を聞き、鳥肌が立った。

そして先生はその言葉通り、見事な負けっぷりを見せてくれた。

そしてその後の2012年の選挙では、震災でガタガタになった民主党を抑えた形で自民党が大勝し、先輩はリベンジを果たした。

信念を貫くことは簡単なことではない。

ましてや負けるとわかっているのにそれができる男は希少だ。

「不器用」「世渡り下手」といろいろ揶揄される可能性もある。

しかし信念を貫くとは、いつかそれが実現することを信じて、目の前の痛みを、勇気をもって飲み込むことである。

正直に生きる。正直に伝える。

この姿勢は僕も著者として見習いたいと常々思う。

そうすることで本が売れなかったとしても、大切な本質を伝える著者でありたいと願う。

とはいっても、まだ徹しきれてはいないし、「耳障りのいいことを並べたほうが売れるかな」という下心が出ることもある。しかし、まだ著者としても男として未熟な自分ではあるが、この本では先輩のようにありたいと願って書いている。

ぶれない本質を伝える。こんな男に惚れない男はいない。

あなたにとって「ここだけは引けない」という一線はどこですか?

HERO'S THEORY

42

逃げた自分から逃げさえしなきゃ、男は必ずでかくなる。

「逃げない」というテーマは、実は本書のメインテーマにしようかと思っていたくらい、男論のなかでは重要なことなので、もう少し補足をしたい。

東京に出て自分の夢を追い求めてがんばっていた友人がいた。

しかしある日、親父さんが病で倒れ、親戚一同の嘆願もあって地元に戻って家業を継ぐことになった。こんな例は、日本中にいくらでもあると思う。

彼が東京に出張してきたことを知り、待ち合わせて久しぶりに僕の部屋で、彼と酒を飲んだ。お互いの近況や昔話でさんざん盛り上がったあと、酒のせいか、彼は急に真面目な顔になって、僕にこういった。

「茂久、おまえは言ってた通り、本当に東京に来たなあ。俺が東京で、おまえが中津だったのに住んでる場所が逆転しちゃったな」

「ん？　あ、ああ」

「正直な、おまえは自分の夢をずっと追い続けているからうらやましいよ。俺がどうしても家業を継がないといけない状況だったの知ってるよな」

「うん。きつそうだったよな」

「たしかにきつかった。けどな、もしかしたらあのとき、自分の夢から逃げる口実としていまの道を選んだんじゃないかなって気が、いまでもしているんだ。夢から逃げちゃったんじゃないかなってな。ま、いまの仕事、全力でやってるからけっこう楽しいんだけどな」

「……」

「悪いな、愚痴っちゃったよ。さあ、もうちょっと飲もう。あらためて乾杯だ」

夢と現実のギャップ。男同士なら痛いほどわかる悩みだ。

しかし、僕はこのとき彼の言葉を聞いて「いい男だな」と素直に思った。いくら理想が燃えたぎっていても、状況次第でそれが叶わないときも人生には多々あるし、理想だけでうまくいく世の中でもない。

僕が彼をいい男だなと思ったその理由は、彼が「自分は逃げたかもしれない」と思っていることだ。

彼は夢から逃げたと思っているようだったが、そのときの自分自身からは逃げていない。

その時点で、彼の中の「いい男」としての火はまだ消えていないと思ったのだ。そもそも稼業を継ぐという大きな責任から逃げていないのだから、実際は逃げてなど全くいない。

僕はあえて彼を慰めることはしなかった。

逃げずに生きている男にかける慰めの言葉はかえって失礼だ。

こういういい男に必要なのは前に進む言葉だ。

「じゃあ、寝ずに働いて、家業とおまえの夢を両方実現しちゃえばどうだ？ それか、さっさと家業を軌道に乗せて誰かに任せて、自分の夢をもう一回追ってもいいわけだし。一挙両得っていうのかな。上手く言えないけど、二兎を追って二兎を得るって考え方、俺、結構好きだな」

この日の「未来への宴」はとてもいいものになった。

男を武装する甲冑は自信だ。

男は自分の弱さから逃げるたびに自信を失い、ひとつずつその甲冑を脱いでいく。もしこの友人が、自分の夢があったことを完全に忘れているような口ぶりで現状だけを正当化していたら、「おまえそれでいいのか?」と思っていたかもしれない。しかし彼はそれをしなかった。彼はまた必ず自分の夢を叶えるはず。そういう男だ。

いい男は逃げた自分から逃げない。

前に進めないときでも、絶対に後退はしないのだ。

だからゆっくりでも必ず前に進んでいく。

HERO'S THEORY

43

厳しいことを言うのも、ひとつの大きな愛だよ。

こんな言葉を聞いたことがある。

「優秀な経営者は会社にとってダメな人間を見切る力をもっている」

極論に聞こえるが、この言葉は非常に重い。

「どんなにダメな社員であっても見捨てることなく、温かく見守ります」

こんな会社があったら世間からは褒められそうだが、その褒め言葉は往々にして、甘えた人間から見た場合の評価だ。

だからといってブラック企業と呼ばれる会社がすばらしいと言っているわけでは

ないので、ここらへんはバランスを考えながら読んでいただけるとありがたい。

高みを目指して一丸となってがんばっている組織に、問題のある社員が混じっていると、成長が鈍化するだけではなく、周囲の社員にも悪影響を与える。

いわゆる腐ったリンゴ理論。言い方が厳しくなってしまうが、この表現より的確な言葉が他に見つからない。

腐ったリンゴを入れっぱなしにして、周囲のリンゴまで腐らせてしまうのをただ見すごすことを、決して優しさとは言わない。もちろん、社員を誰一人として腐らせない努力は全力ですべきだ。しかし、「この線を越えたらアウト」というしっかりとした線引きを持っておくことも大切だ。

僕も経営者になった当初は、周りに迷惑をかける人間を注意することが苦手だった。正直、厳しく叱ることで辞められたり、恨まれたりすることが怖かったのだ。おそらく経営者としての自信と覚悟が足りなかったのだろう。

その考えを改めることができたきっかけは、師匠から組織の成長過程の法則を教えてもらったことだった。

「伸びている会社はダメな人間から辞め、衰退している会社は優秀な人間から辞める」

ものすごくシンプルだが、これこそ真実だと思う。スタッフが辞めると一時的に業務を回すことに手間取ることはあるが、それが伸びている組織である限り、スタッフが辞めたからといって、会社が潰れることは絶対にない。

もちろん伸びている最中に優秀な人間が辞めることもある。

しかし、そのときによく起きるのは、いままでその優秀な人材の陰に隠れていた若手が急成長を見せることだ。そのからくりがわかってからというもの、僕はがんばっている連中に「標準値」を合わせることにした。

いくらリーダーが一人前に育てたいと思っても、やはり最後はスタッフの心持ち次第だ。ペースについてこれずスタミナ切れをする人もいれば、会社の理念に合わない人もいる。ポテンシャルはあっても時期的にいろいろ抱えすぎて仕事どころではない人もいる。それによってついてこれないスタッフが出ても、遠慮なくアクセルをふかすことにしている。会社の進化の速度を止めることは絶対にしない。

一見すると鬼に見えるかもしれない。しかし、過保護に育てて自立できない社員に育ててしまったら、彼らの残りの長い仕事人生はどうなってしまうのか。

覚悟を決めて、厳しい競争の環境に飛び込み、そして困難をくぐり抜けたとき、必ずその男は成長する。

「子供の幸せな未来を奪う一番の方法は、好きなところにすべて連れて行き、好きなものをすべて買い与えることだ」

こんな言葉をネットの経営者名言集で見かけたが、まさにその通りだと思う。

世のいい男たちは、駄々をこねた子供に、迷わずお菓子を買ってやることが、どれだけその子の未来をダメにするのかをよく知っている。

だからこそ、恨まれることも覚悟の上で、あえて人が育つ、厳しい環境をつくり出すのだ。

いい男は相手の未来のために、必要に応じて鬼になる覚悟を持っている。

甘やかして人をダメにすることは絶対にしない。

HERO'S THEORY 44

「波乱万丈かかってこい！」そう思ってれば困難が向こうから逃げていくもんだよ。

人生には、「ここで逃げたらマズい」と直感的にわかる局面が必ずある。そこで安易に逃げ出すたびに、男は大切なものをひとつずつ失っていく。

僕はいままで人財育成の仕事を通して、30万人以上の人と出会ってきた。それだけ出会えば、当然、いろんな人たちがいる。

そのなかで僕が確信を持っていることがあるとすれば、人は辛さを受け止めた瞬間から物事がうまく転がりはじめるということだ。なにもあらゆる局面で逃げるなと言っているわけではない。逃げグセのある人に向かって「根性が足りないからだ」

と説教するのは、あまりに安易だし精神論に偏りすぎている。

逃げたらいけない理由はひとつしかない。

逃げたら負債が雪だるま式に大きくなるからだ。

いくら根性がない人でも、これ以上逃げられない状況に追い込まれたら誰でも腹をくくって困難と立ち向かう。

病気や借金が典型だ。そのタイミングで戦うことを決めて挽回できるならいい。

しかしここで残念なことに手遅れになってしまう人も少なくはない。

では極限に追い込まれる前に逃げないようにするためにはどうしたらいいのか。

それは自ら仕組みにはまることだ。

わかりやすい例がダイエットで日本を席巻しているライザップ。

最近入会した東北に住む僕の大切な友人も、「自分を逃げさせないようにするために」と言っていた。この言葉に僕はすごく納得した。

自分が逃げることをわかっているからこそ、そうやって逃げられない縛りを与えてくれるサービスを受けたがる。それなりの高いお金を払って、日々の食事もしっかり監視されていたら、逃げようがなくなる。当然、こういう選択肢があるなら、どんどん使えばいい。

逃げない自分をつくるもうひとつの方法。

それは「安易な逃げ道などない」と腹をくくってしまうことだ。

体を鍛えるにしても、痩せるにしても、食事を考えながら、腕立て伏せとスクワットを毎日している男が一番強い。

筋トレはわかりやすいが、実はメンタルも同じだ。心理学用語で物事の解釈の仕方を変えることをリフレーミングというが、逃げがちな男は辛さから目を背けるリフレーミングはやたらと得意だ。たとえば「自分は逃げているわけではなく、他にうまくいく方法を全力で模索している最中なんだ」といったように。

しかし、男がいったん安易な言葉にはまって、逃げの道に入ってしまうと、結局は、のちのち自分に負荷がかかることになる。そして本来の正しい方向にリフレーミングしなおすこと自体、ものすごく訓練が必要になる。筋トレと同じように小さなことでいいので「逃げなかった」という実績を積み重ねていきさえすれば、自分に対する信用がどんどんついてくる。つまりは自分に自信を持てるということだ。

自分からだけは絶対に逃げることはできない。だからこそ、人に信用されないより、自分で自分を信じられないことのほうが、長い人生を考えたらずっと辛い。

そういう意味で、若いときから試練にさらされてきた男は、「逃げない覚悟力」が発達している。逃げない男は一朝一夕でなれるものではないし、「自分の弱い心を簡単に変えてくれる、そんな便利な方法はこの世のどこにも存在しない」と、さっさと割り切ってしまえばいいのだ。

いい男は楽な道の先に失望や困難が待っていることをよく知っている。

そして「困難は逃げる人がお好き」な性質を持っていることも。

HERO'S THEORY 45

なめられんじゃねえぞ。笑顔でも腹に力は入れとけよ。

「負けたっていい。逃げたっていい。あなたがあなたでいれば」これ系のタイトルの本があったら、最近は大ウケする傾向にある。出版のプロデュースも仕事としてやっているので、その風潮を肌で感じる。

しかし、残念ながら、本当のいい男にこれ系のタイトルは通用しない。読むこともなければ買うこともない。

もちろんいい男だって負けることはある。

しかし、だからといって、逃げることは絶対にしない。

このようなタイトルの本が生み出す、現実逃避感を即座に見抜くことができ、その通りにすることで訪れる未来を容易に想像できるからこそ、そういう類の甘い誘いに手を出さないだけだ。

人間が人間である限り、必ず衝突は起きる。

学校のいじめ問題がニュースになるたびに、評論家や視聴者は「いじめっ子の親がひどい」「いじめを放置した学校が悪い」とまるで鬼の首をとったように評価を下すが、問題はそんな浅い次元の話ではないことをいい加減、認めたらどうだろうか。

もちろんその犯罪の程度にはよるが、たとえば芸能人が離婚したとか、分裂したとか、そんな個人のことで、一人を吊るし上げて公共の電波で糾弾すること自体も、行き過ぎると単なるいじめだ。

そもそも生徒の前で「いじめはしてはいけません」と言う教師だって、職員室に戻ればギクシャクした人間関係が待っているかもしれないし、無理難題を押しつけてくるモンスターペアレンツにいびられているかもしれない。

大人ができないことを子供に強要しても、それは無理だ。水が上から下に流れるように、子供は大人がやっていることをそのまま真似をする。いまの世の中の子供を変えるなら、まずは大人が変わるべきだ。

「自分を変えるのは無理だけど、せめて子どもだけは……」

この理論はそれ自体に無理がある。

人は性善説だけでは語りきれない。世の中のいい男たちは、人は残酷な面を持っていることもしっかりと理解している。理想を持つことはもちろん大切だが、人間の本質の片面を無視した理想論は、ただの絵に描いた餅である。

守るべき人や既得権益、環境から身についた価値観は、人によって異なるという前提をしっかりと理解しておかなければならない。

必要以上に衝突を恐れ、行動を起こせない男が増えている。

そんな男は残念ながら、相手が悪いとなめられるし、利用されることだって往々にしてある。リアルな男の世界には、残念ながらそういった弱肉強食の文化は存在する。だからいい男はやむを得ない場合は、最低限の衝突を覚悟する。

自分の生き方のフラッグをあげるとき、自分の信念をゆずれないとき、もしくは大事な人を守るときは、必ずといっていいほど抵抗勢力が現れる。それに対して変に媚びたり、いちいち懐柔しようとしたりすると、そこをつけこまれてしまうことだって可能性としては十分あることを、肌で知っているのだ。

そんな男たちの他人に対するスタンスは、「この指とまれ方式」だ。

賛同してくれる人たちとだけ一緒にやる。賛同してくれない人たちを無理強いしてまでも同船させることはしないし、必要以上に関知もしない。その代わり、関係ない周りの人間が、自分たちの行く手を阻んだら、徹底的に戦う。

人間、結局は腹を決めたやつが一番強い。

やむをえず戦いになったときは、覚悟の深さが、勝負の行方を決める。

いい男を目指すなら、心の中に一本の刀を持つことだ。

土壇場になるまで決して鞘を抜くことがない刀を。

HERO'S THEORY

46

雨の日は雨の中を。風の日は風の中を。

世の中には変えられることと変えられないことがある。

過去に犯した過ちは変えられないが、今後、その償いをどうするかは自分の意思で決められる。突然襲いかかる災難は変えられないが、それをどう乗り切るかは自分の知恵と覚悟にかかっている。

変えられないことに悩んだり、悔やんだりするのは時間の無駄だ。もちろん、なぜそうなったのかという原因を考えて、反省すべき点は反省すべきだが、なかには不可抗力のものもある。

かつて巨人とヤンキースで活躍した松井秀喜選手は、スランプに陥っていたときにマスコミからバッシングを受けた。そのとき松井選手はこう発言した。

「周りの評価を僕が変えることはできません。自分ができることはいかに球をみて、いかにかっとばすか。そこに集中するだけです」

恐るべし1974年の同い年。世の中にはすごい男がいるものだと感心する。

このように動じない男は格好いい。変えられるのは自分のことだけ。そういう意識を持っている男は外野の声など気にしない。

外野の声と言えば、最近、身近でこんなことがあった。

知り合いの経営者が自身に対する悪質なデマをネット上で見つけ、対抗手段を打とうとしたところ大炎上したのだ。

僕としてはそれだけ大きな炎上を見るのははじめてだったし、ネットに詳しくもないので、相談はされたが、静観することしかできなかった。

その経営者は、デマに徹底的に対抗するために弁護士を立て、その書き込みに対して弁護士名で警告をした。するとさらに大炎上。火の粉はその弁護士にも降りかかり、もはや収拾がつかなくなった。

そのとき得た教訓は、ネットの書き込みはよほどのことがない限り名誉毀損が成り立たないことと、削除命令をしようにもグーグルも相当忙しいということ。

つまり、大人としての正しい対応は、「そもそもそういうサイトを見ない」ということ。それを見て離れていく人がいても、それはその程度の浅い関係だったと思うか、有名税と思うしかないし、そもそもまともな人は、そういうサイトを見ないから、そんな記事が出ていることすら気づきはしない。

とある本で知ったことだが、ネットの炎上記事は、平均で5人から6人くらいが名前を変えて書き込んでいるという事実があるという。それが事実だとしたら、そんな少数の意見に目くじらを立ててもしかたないではないか。

どんなふうに振舞っていても、噛みつく人たちは必ずいる。同業者が仕掛けてくることだってある。

しかし、それをいちいち相手にしていたら相手の思うツボだ。もちろん自分自身をしっかりと律することも忘れてはいけないが、言う人は何をやっても言うと覚えておいたほうがいい。

世間の評価や他人の考え方を変えようとするのは天気を変えようとするのと同じこと。時間の無駄だ。

明日の遠足で雨が降ったらどうしようと悩んでもしょうがない。降ったら降ったで、そのとき対応策を考えればいい。

いい男は自分のコントロールできることにフォーカスして、とことん集中する。

HERO'S THEORY

47

「あいつは変わった」と言われることを恐れるなよ。むしろ褒め言葉と思ってありがたくもらっとけ。

心の中に、太い軸を一本持った男に対して、周囲の男は無条件に美学を感じる。

一貫性のある男は魅力的だ。

逆に強い立場の人にはペコペコして、弱い立場の人には威張りちらすような男は絶対に信用されない。

人を大事にするならみんなを大事にする。

頭を下げたくないのであれば先輩にも歯向かう。

それくらいの一貫性があれば、一本芯の通った男に見られる。

ただ、一貫性は大事だが、だからといっていつまでも同じところで足踏みすることがかっこいいのかといったら、そうとは限らない。

僕はたこ焼きの行商から商売をはじめて、知覧特攻隊の意志に出会い、かつての先人のあり方に感動し、スタッフのために生きようと決めた。

最初に決めたことはそのときやっていた行商をやめること。そしてスタッフが家から通える地元に、1店舗目となるダイニングをつくることだった。

多大な周りの方のおかげ様で、その店がなんとかうまくいき、ウェディング事業に発展したころ、東京で出版社に勤めていたウェディング参列者のお誘いで、執筆業をスタートさせることができた。

その後、出版、講演業のご縁から、福岡に店を複数構えた。

そして去年秋、飲食を信頼できるスタッフたちに任せて、講演や執筆、出版プロデュースなどに専念すべく、東京に拠点を移した。

僕がこの16年の事業経験の間に手がけてきたことは、めまぐるしく変わってきているので、一見するとブレまくりの人生のように思われることがある。

しかし、心の中には「日本人が失ったフォーユー精神を復活させ、その精神を世界に輸出する」という夢がすべてのベースにある。未熟な歩みではあるが、だからといって自分がブレているとはまったく思っていない。

人が違う道を歩きはじめようとするときに必ず起きるのが、その場にとどまる側の抵抗だ。

誰かがコミュニティーや組織から飛び出そうとすると、どうしても残される側の中には、感情的になる人もいる。

僕が地元である九州を離れるときも、

「九州人のプライドを忘れて、東京に魂を売るのか」

とまで言う人もいた。実際はそんなオーバーな話ではないのだが、「なんか俺、間違ったことしてんのかな?」と不安になることもあった。しかしそこはあえて言うことをきかず突っ切った。

なんと言われたって自分の道。別に悪いことをしている意識もない。

それに周りの言うことを意識しすぎてやりたいことをやめると、絶対にのちのち後悔しそうな気がしたからだ。

自分の人生は自分で責任を取るものだ。周囲が責任を取ってくれるわけではない。

それにはるか遠くの目的地にたどり着くためには、同じ道を延々と走る相乗りバスに乗り続けるわけにもいかないし、かといって自分の夢を人に押しつけて一緒に来いというのも違う。

信念を貫くときは、一緒に歩いてきた人たちに別れを告げないといけないときもある。後ろ指をさされることもあるかもしれない。そのときはもちろんつらい。やっぱりやめようかなと思うことだってあるかもしれない。

しかし、そんなときは自分の信念を羅針盤に、未来だけをしっかりと見据えていればいい。

その信念においてブレることなく生きることができたとき、そのトンネルの向こうに、あなたを待つ明るい未来が待っている。

HERO'S THEORY 48

九州から攻め上がれ。東京で会おう。

これは7年前、福岡の店舗の開店の際、師匠が僕にくれた言葉だ。いまでも店の一番目立つ場所に飾らせてもらっている。この言葉を毎日見ながら、僕は仕事をした。そして昨年、なんとか出版の聖地である東京に事務所をつくることができた。

事業の中で経営者からの相談を受けていると、スタッフのモチベーションの低下に頭を抱えているケースによく遭遇する。問題点をあぶり出すためにヒアリングをしてみると、たいていは余剰人員の多さが、モチベーション低下の原因になっている場合が多い。簡単に言うと雇いすぎなのだ。雇用人数が多ければ当然、一人当たりの仕事量は減る。手が余る。経営的には悪循環だ。

暇は人をダメにする。人を育てるのは忙しさだ。暇なお店で働くスタッフにモチベーションを上げろということは、ソファでくつろぎながらテレビを観ている人に「悟りを開け」といっているようなものだ。

人間は追い込まれないとなかなか本気にならない。目的意識のあるスタッフであれば、おのずと自分を追い込むことができるかもしれないが、それができる人間は限られている。ではどうすればいいのか？ 答えは簡単。

サボることを考える暇もないくらいに忙しくなる環境を用意すればいい。同じように、もしあなたが男を磨きたいなら、自らを忙しい環境に放り込めばいいのだ。

環境が人を育てるとはよく言ったものだ。一生懸命に取り組むしかない環境や、競争するしかない環境に身を置けば、絶対に人は育つ。

ここからの文章、この項目の最後までは、あえて地方でこの本を読んでくださっている方に向けて書く。東京在住の人からしたら、「そんなものなの？」と思うかもしれないが、ここだけはご理解いただきたい。

僕は地方の若い人から相談を受けるときに、その人が自らの向上を目指していながらも停滞感を感じているのであれば、「ビジネスを本気でやるなら、早いうちに東京の空気に触れたほうがいい」と伝えることにしている。

日本のビジネスの頂点、東京。上京出張の理由は、セミナーでも人脈開拓でも仕事の視察でも、なんでもいい。日本トップのビジネス街の空気を吸い、そこで生きる人たちのスタンスに触れることで、田舎と都会の意識の差に触れることができるからだ。東京の普通は、田舎の全速力だ。田舎でそこそこうまくいっている男でも、優秀な人間がゴロゴロいる東京にくれば、自分が必然的にギアを上げなくてはいけないことに気づく。上には上がいる。その意識改革こそが重要なのだ。

僕は幸い、はじめての仕事の関係で、若いときに東京を体感できた。そのあと地元に戻ったが、

「もっとビジネスの強い人たちと仕事がしたい」

「もっと全力で走りたい」

「情報の発信地でのスリルとスピード感の中で生きていきたい」

そんな思いがいつも心のどこかにあった。だから僕の中では絶対に東京に帰ってくるという目標があった。結果的に、その目標を叶えるのに十数年もかかってしまったが、地元でビジネスをはじめた後も、定期的に東京という街に足を運び、そしてそこでの情報を仕入れることができたからこそ、いまがあるのだと思う。

いま、海外進出がブームだが、わざわざ外に出なくても東京のビジネススケールは世界区だ。しかも運良く、3年半後には東京オリンピックの開催も決まった。かつてオリンピックが決まって景気が落ちた都市は、オリンピック史上一箇所もない。東京も例外にはもれず、よほどのことがない限り、2020年までは必ず伸びていく。

人は格上との出会いで成長する。日本トップレベルのビジネスのスピード感、日本トップレベルの人財に触れることで、あなたの中の何かが必ず芽生える。いま、自分が麓にいたとしても、山の頂点に立っている人の考え方に触れることは、必ず人生の宝になる。

もう一度言う。暇は男をダメにする。自らを動かざるをえない環境に自らを放り込んでみないか?

HERO'S THEORY 49

日本を背負う現代の男たちに問う。いま、日本はいい国ですか？

最後に持ってきたこのメッセージは、72年前、戦争末期に沖縄の海に散った特攻隊員の言葉だ。

僕はいま、鹿児島市にある「知覧富屋食堂ホタル館」の特任館長という大役をいただいたことをきっかけに、講演や執筆を通して、日本のため、故郷のため、家族のためにその尊い命を捧げた特攻隊員たちが残した、日本人のフォーユー精神を広める活動をしている。彼らの死生観を探ろうと資料を調べているとき、26歳の若さで沖縄洋上に散った、石切山文一少尉の残した手紙が僕の心を打った。紙面の関係ですべては掲載できないが、その一部を抜粋する。

死に対する覚悟、これを口にするのは簡単なことだ。

しかし、実際に自分にその死が本当にやってきたときにこそ、泰然自若として、死んでいける。そんな男でありたい。

それにはやはり、日常からその要素となる大切なことに励み、そして身につけていかなければいけない。そして最後の死生観の近くまでの覚悟を身につけたい。

自分は立派な、そして清らかな気持ちで死に臨むことができれば満足だ。

遥か昔から変わらない大義に生きるのもひとつの死生観だ。

特攻隊だけが、その大義に生きるものではない。自分の最善を尽くし、自分の仕事に腕のありったけを出し尽くして死に臨む。これも立派な死生観だ。

そして、もし、その仕事が世の中の人にたちに広く知ってもらえなかったとしても、それはそれで立派なことだ。

結局は自分のする仕事をしっかりとすれば、大義など考える必要はない。

死生を超えてかかればいい。

大切なことはいかに心の修行をするかどうかだ。

心の修行に重きを置いて日常の行動を律していけばいいのだ。


全文は拙著、『人生に迷ったら知覧に行け』（きずな出版）に書いてあるので、知覧の特攻隊にご興味のある方は、ぜひご一読いただきたい。

繰り返すが、これは72年前に、20代の青年が残した言葉だ。時代は変われど、そのメッセージから現代の僕たちが学ぶべきことは多い。

僕たちの生きる現代の日本は本当に恵まれている。命が脅かされる差し迫った外的恐怖はないし、寿命も年々増えて世界一の長寿大国だ。経済的にも豊かだし、治安も抜群にいい。社会保障もその他の先進国に比べたら断然に手厚い。

しかし、だからこそ、とくに若い人たちは自分の人生が永遠に続くのではないかという錯覚に陥りやすい。恵まれているからこそ、逆に終わりが見えない。だから目的も見出せない。

「いい男は死生観を確立している」、とまでは言わない。

ただ普通の男より、死というものを意識していることだけは確かだ。だから人生を有効に使う。かつての特攻隊員がこの手紙のなかで言った「自分の最善を尽くし、自分の仕事にありったけを出し尽くした生き方」をしていること、それがいい男であることは間違いない。その中には「大義に生きる」人もいれば、大義はなくとも「死生を超えて」目の前のことに取り組んでいる人もいる。

最後に、たった一度の男としての人生を、ありったけの情熱で生きたいと願うあなたの心に刻んでほしい。

いい男の持つ3つの条件。「人間の本質を知る」「我慢する」「他を思う気持ちを持つ」。この要素を合わせ持った男の存在を人は待っている。

いい国、それはいい男たちが集う国。

男としての人生、あなたは自分の命をどう使う?

おわりに　目の前の人の笑顔のために

いい男。

彼らが普段から背負い込んでいる「男としての覚悟」を徹底的に追体験してほしいと全力で書いたら、われながらえらく重い本になった。いや、癒しブーム全盛のいまの時代だからこそ、あえて重く書いたというほうが本音なのかもしれない。

その追体験を通して「いまの自分に足りなかったのはこれだ」という欠けたピースをひとつでもふたつでも見つけてもらうことができたら、そしてあなたが、大切な人と酒を飲みながら、いい男論を語っていただくことができたら、それこそ著者冥利に尽きる。

書き手にとって、本とは思想、自分の考え方の集合体であり、読者に対して責任を負うものだ。

僕自身、出版のプロデュースもするし読書は大好きなので、近年は心を癒す軽いタッチの本が受けることはわかっている。出版社さんからご依頼いただいた読者対象によっては、これからもそんな本を書く予定も控えてはいる。

しかし、この本に対しての思いは違う。男をテーマで書くとなったら話は別だ。同性である男性に対して、小手先は通用しないことはよくわかっているし、「売れりゃあいい」と思ってしまった時点で、著者として、そして何より男として自分の大事な何かを無くしてしまう気がする。そのためにストレートに表現しすぎたり、熱くなったりした部分もあったかもしれないが、ご容赦いただきたい。

振り返ってみてここでもう一度、いい男とはなんなのかを考えてみると、最後にもうひとつ必要なラストワンピースが見えてきた。

それは

「『たった一人の目の前の人を笑顔にする』という気持ちを持っているか？」

ということ。この本を書きはじめたとき、僕の大恩人で、一番の兄貴分である広島のオタフクソースグループの社長である、佐々木茂喜さんからこんな言葉をいた

だいた。それは、

「近悦遠来」

近くの人が心から喜んでくれたとき、その感動が広がり、やがて周りから人が集まってくるという意味の言葉だ。

いまの僕にとって目の前の人とは誰なのか？　それは数ある本の中から、この本をわざわざ手にとって読んでくださるあなただ。

目の前の一人のために。これはなかなか難しい。男はすぐに、広く広くと拡大の方向に向かっていきがちだ。

「何部売れるかな」

「たくさんの人に読んで欲しいな」

当然未熟な僕も、すぐにそんなことを考える。

しかし、書きはじめる前に、佐々木さんからいただいたこの言葉のおかげで、本書はいくらかではあるが、

「目の前にいるたった一人の読者」

にフォーカスできたのではないかなと思う。

もちろん読んでいただく中で、「ここは違うと思う」「生意気なこと書きやがって」そう思う箇所もあったかもしれない。違う人間が書いているのだから、共感できない部分もあってあたりまえだ。

しかし、結果としてあなたがこれからの人生でのちのち、「あ、あの本読んでおいてよかった」と笑顔になってもらえるように、自分の経験と思いをありのままに描く、ただその一点に集中した。


読書は繰り返しが力になる。

読み返すことによって自分の中にどんどん染み込んでくる。

人生に迷ったとき、男としての生き方を見直したくなったとき、もしくは男という生き物がわからなくなったとき、本棚からふと引っ張り出して読み返してみる。

そんな一冊になってもらえるとうれしい。

読んでくださったあなたに感謝を込めて、些少ではあるが、巻末にいい男論についての無料の365日メッセージを準備させてもらったので、よかったらお時間のある時にでもご登録して読んでいただけたらと思う。

今回もとてもいかした仲間たちとこの本を作ることができた。この場をお借りして感謝をお伝えしたい。

本書の出版のオファーをしてくださったクロスメディア・パブリッシングの根本輝久さん。構成でお手伝いいただいた郷和貴さん。素晴らしい装丁をしてくださった tobufune の小口翔平さん、山之口正和さん。ありがとうございました。

そして、いつものようにアイデア出しに困ったときに、助けてくれたシゲプロの青木一弘くん。赤塚智高くん。竹中昭宏さん。新井健一さん。堤修二郎さん。池田美智子ちゃん。こんないい仲間たちと仕事をできることが、本当に幸せです。

いつも応援してくれる、知覧さくらまつりの仲間たち。

永松茂久オフィシャルクラブ「未来会議」のメンバーさんたち。

今回もたくさんの取材協力、本当にありがとう。

この本の49項目の見出しのメッセージの発信者であり、僕に、たいせつなことを教えてくださった人生の先輩方に心から感謝します。引き続き温かいご指導のほど、よろしくお願いいたします。

そしてなにより、僕の駄文に最後までお付き合いくださったあなたへ。いつかあなたと、このいい男論を題材にお酒を飲める日を楽しみにしながら筆をおきます。

あなたの未来が輝かしいものとなりますように。
ありがとうございました。

永松茂久

2017年2月吉日

「器」「優しさ」「色気」「夢」「覚悟」
永松茂久が日々思う
人生を変える365の言葉

永松茂久の
3分メッセージ
配信スタート

こんな内容が毎日配信されます。

- □ 「その常識、本当に正解ですか？」
- □ 「周りに流されるなよ。自分の人生だろ」
- □ 「みんな最初は下手っぴだ」
- □ 「自分の意思で生きるか、人の意見に流されて生きるか？」
- □ 「貸して貸して貸しまくれ。与えて与えて与えまくれ」
- □ 「楽して成功？その方法を見つけ出す方が楽じゃない」
- □ 「一流の情報を持て。一流の情報を流せ」
- □ 「主人公になれ」

登録無料！毎日届きます。

このQRコードから
ご登録してください ⇒

誰と出会うかで人生は大きく変わる

同じ思いを持った仲間が集まるコミュニティ

「未来会議」永松茂久オフィシャルクラブ

https://nagamatsushigehisa.com/mypage/entry/

永松茂久関連情報

公式ホームページ

http://nagamatsushigehisa.com/

Facebook（フォローお待ちしています！）

https://www.facebook.com/nagamatsushigehisa

ラジオはじめます

Podcastで配信していますので
アプリをダウンロード後
「永松茂久」を検索してください

永松茂久 Podcast　検索

【著者略歴】

永松茂久（ながまつ・しげひさ）

株式会社人財育成JAPAN代表取締役。福沢諭吉と黒田官兵衛、そしてからあげのまちとして有名な大分県中津市生まれ。中津、福岡での5店舗の飲食店経営、出版、講演などの育成事業を通した、自身の実業経験をもとに作り上げた、「一流の人材を集めるのではなく、今いる人間を一流にする」というコンセプトのユニークな人財育成には定評があり、全国各地で数多くの講演、セミナーを実施。「人の在り方」を伝えるニューリーダーとして多くの若者から圧倒的な支持を得ており、講演累積動員数は延べ30万人にのぼる。また、鹿児島県南九州市にある「知覧ホタル館」の特任館長も務め「知覧フォーユー研修さくら祭り」など、自身が提唱する「フォーユー精神」を培う研修を行っている。2016年より、拠点を東京に移し、経営、執筆、講演だけではなく、人財育成、出版プロデュース、イベント主催、映像編集、コンサルティングなど数々の事業展開をこなす、実業家である。著書に『成功の条件』『一流になる男、その他大勢で終わる男』『男の条件』『人生に迷ったら知覧に行け』（きずな出版）、『黙っていても人がついてくるリーダーの条件』（KADOKAWA）、『感動の条件』（KKロングセラーズ）等20冊があり、著書累計80万部を売り上げている。

いい男論《おところん》

2017年2月21日　初版発行
2024年1月22日　第6刷発行

発行　**株式会社クロスメディア・パブリッシング**

発行者　小早川幸一郎

〒151-0051　東京都渋谷区千駄ヶ谷4-20-3 東栄神宮外苑ビル

http://www.cm-publishing.co.jp

■本の内容に関するお問い合わせ先 …………………… TEL (03)5413-3140／FAX (03)5413-3141

発売　**株式会社インプレス**

〒101-0051　東京都千代田区神田神保町一丁目105番地

■乱丁本・落丁本などのお問い合わせ先 …………………………………………… FAX (03)6837-5023

service@impress.co.jp

※古書店で購入されたものについてはお取り替えできません

カバーデザイン　小口翔平＋山之口正和（tobufune）
本文デザイン　安賀裕子（cmD）
©Shigehisa Nagamatsu 2017 Printed in Japan
印刷・製本　株式会社シナノ
編集協力　郷和貴
ISBN 978-4-295-40057-8 C2034